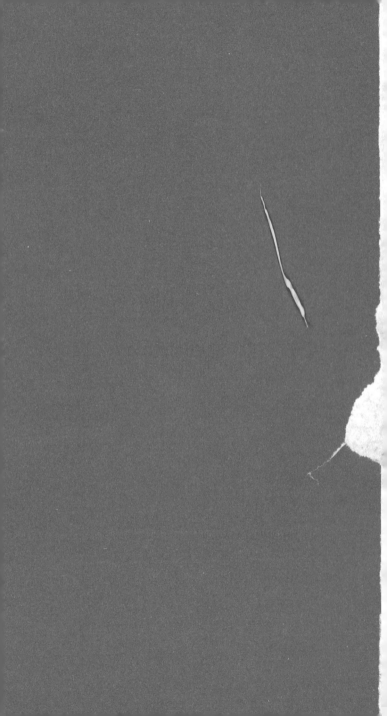

Schreiber vs. Schneider

Neun Monate Lieferzeit

SIE bekommt ein Baby,
ER aber auch

Kösel

Copyright © 2006 Kösel-Verlag, München,
ein Unternehmen der Verlagsgruppe Random House GmbH
Printed in Germany. Alle Rechte vorbehalten
Druck und Bindung: Kösel, Krugzell
Umschlag: 2005 Werbung, München
Illustrationen Umschlag und Innenteil: Mathias Hütter,
Schwäbisch Gmünd
Autorenfotos: © Coopzeitung/Schweiz (Umschlag und
Farbseiten); © Daniel Thuli (S. 144)
ISBN-10: 3-466-34495-6
ISBN-13: 978-3-466-34495-6

*Gedruckt auf umweltfreundlich hergestelltem Werkdruckpapier
(säurefrei und chlorfrei gebleicht)*

Für unsere Eltern

Lieber Leser,

ich habe lange meine liebe Mühe mit Frauen gehabt. Hat eine Weile gedauert, bis ich unterscheiden konnte zwischen Trieben und Liebe. Aber bei Schreiber, da konnte ich mir sogar Kinder vorstellen.

Erstaunlich, denn als ich sie kennen lernte – in einer Redaktion, genauer in meinem Zweierbüro –, trug sie schnittige Kostüme, knallroten Lippenstift, dunkle Brille, strenge Frisur. Alle sagten: »Die macht Karriere.«

Prolog

Bloß ich sah hinter dieser Business-Verkleidung von Anfang an eine Genießerin, eine lustige Frau, verspielt und heiter.

Da habe ich mich eben verliebt.

ER

Sie sah das anders und erklärte mir ernst, sie könne keine Beziehung zu einem Mann aufbauen, der Formel I guckt und Unterhemden trägt. Da ich zudem kleiner bin als sie, weniger Geld verdiene und in die Provinz ziehen wollte, konnte ich ihr in der Tat nicht viel bieten. Irgendwann hat sie sich trotzdem in mich verliebt.

Keine Ahnung, warum.

Liebe Leserin,

Schneider fiel mir in der Redaktion sofort auf. So blaue Augen! Und seine Grübchen beim Lachen, einfach zum Verlieben. Andererseits hatte er ziemlich unmoderne Ansichten. Als es bei einer Themensitzung um Frauen und Karriere ging, sagte er allen Ernstes: »Frauen sollen das Kinderkriegen genießen, statt Karriere zu machen!«
»Spießer«, dachte ich, »total altmodisch dieser Typ.«
Jetzt ist dieser Typ mein Typ. Einige seiner Ansichten sind zwar immer noch nicht meine. Aber wie heißt es doch so schön: »Reibung erzeugt Energie.« So gesehen ist unsere Beziehung ein kleines Kraftwerk mit Kurzschlüssen, Spannungen und wunderbar erhellenden Augenblicken!

ER

Ich liebe die Formel 1. Meine Liebste findet das bescheuert. Sie baut sich vor dem Bildschirm auf und fragt, a) ob ich leiser stellen kann, b) wohin ich die Nagelschere verschleppt habe, und c) ob ich bemerkt hätte, wie schön das Wetter sei. Ich weiß, was läuft: Sie rächt sich, weil wir uns gestern Abend gestritten haben.

Und so wie gestern Abend haben wir uns noch nie gestritten! Dabei war's zuvor sehr romantisch gewesen: Wir spazierten an blühendem Löwenzahn vorbei, sahen in der Ferne die Berge und kauften in unserer Vorstellung das alte Bauernhaus am Wegesrand.

Abends fuhren wir mit dem Dampfer zurück in die Stadt. Und dann ging's los.

Erhöhte Temperatur

Der Grund: Ich hatte nebenbei erwähnt, dass ich heute das Formel-1-Rennen schauen würde, ganz egal, wie schön das Wetter sei. Sie brauste auf, als hätte ich ihr den Laufpass gegeben. Es war echt übel. Zu Hause war mir das Bett zu eng, ich verkroch mich aufs Sofa.

Heute Morgen steckte sie den Kopf ins Wohnzimmer. »Frühstück ist fertig!« Ihr Friedensangebot. Zwanzig Minuten später saß ich geduscht und rasiert in der Küche. Rasiert bedeutet: »Entschuldigung.«

Es wird wohl noch bis heute Abend dauern, bis die Wogen ganz geglättet sind. Denn sie verstellt mir schon wieder den Blick aufs Rennen. Langsam nervt's! Da streckt sie mir ein Fieberthermometer entgegen. O, Mann! Jetzt macht sie auch noch einen auf krank.

Erst einer, dann zwei türkise Streifen!

Zwei?

Ich lese ungefähr dreiundzwanzig Mal nach, was der zweite Streifen bedeutet und fasse es kaum: Ich bin schwanger!

Seit ein paar Monaten reden wir über Kinder. Dass wir welche wollen, war klar. Adoption hätte ich mir vorstellen können. Oder ein Pflegekind wäre auch was. Denn es gibt ja genügend Kinder ohne liebende Eltern. Aber Schneider meinte stets: »Ich will eigene« und ergänzte, »wenn es geht.«

Es geht! Denn nun ist eines bei uns gelandet.

Meine Hände zittern, ich hab weiche Knie und fühle mich wie eine durchgeschüttelte Flasche Champagner beim Siegesrausch der Formel-I-Piloten: total sprudelig! Dann hört das Fühlen auf und die Fragen fangen an: Wie soll ich es ihm sagen? Bei Kerzenlicht und einem Glas Champagner? Ach, Alkohol – geht ja jetzt nicht mehr. Tee? Passt nicht. Oder einfach rufen: »Komm mal. Ich sitz im Bad und bin schwanger.« Wie unromantisch. Oder besser gar nichts erzählen und erst mal abwarten? Das wäre wahrscheinlich vernünftiger. Nur nichts überstürzen!

»Duhu?«

Mein Liebster fläzt sich im Unterhemd vor dem Fernseher und blickt mich leicht genervt an. Dann halte ich ihm das Teststäbchen unter die Nase.

Er fragt, ob das ein Fieberthermometer sei.

Und ich frage mich: Hätte seine erste Frage als werdender Papa nicht etwas intelligenter sein können?

thermometer?

Ich bin völlig aus dem Häuschen. Habe gar nie zu hoffen gewagt, schwanger zu werden, nach all dem, was man so liest. Habe immer leichthin zu meinem Liebsten gesagt: »Wenn es ein Kind gibt, ist es gut, wenn nicht, ist es auch gut.«

Jetzt weiß ich seit einer Viertelstunde, dass wir ein Baby bekommen, und mir ist auf einmal klar, dass ich genau das immer wollte. Nur das.

Rotz und Wasser

Keine Karriere, keinen Tangokurs, keine Katze. Sondern ein Kind!

Ob es ihm auch so geht? Mir laufen die Tränen über die Wangen und die Wimperntusche hinterher. Schneider macht den Fernseher aus: »Bist du sicher? Zeig mir mal den Beipackzettel.«

Ich habe mich wohl verhört? Zweifelt an meinem Verstand, dabei wusste der Herr bis vor wenigen Augenblicken noch nicht einmal, wie ein Babytest aussieht!

Nach dem Studium der Packungsbeilage kapiert er es. Er nimmt mich in den Arm, ich lache und schluchze, und er sagt: »Komm, wir gehen spazieren. Ich brauche etwas frische Luft.«

Vor dem Haus werden wir fast von einem Kinderwagen gerammt, im Park kommt uns ein schwangeres Pärchen entgegen. Wir setzen uns auf eine Bank mit Blick auf den See und strahlen der Sonne ins Gesicht.

Am liebsten würde ich rufen: »Ich bin schwanger!« Stattdessen kitzelt mich die Nase, und ich flüstere meinem Liebsten ins Ohr: »Und? Wie geht's?«

Er ballt die Hand zur Schumifaust und schreit: »JAAA! WIR SIND SCHWANGER!«

Schreiber ist immer noch ganz aus dem Häuschen. Sie heult Rotz und Wasser, und ich lächle den Passanten zu, die an der Bank vorüberflanieren, auf der wir eng aneinander gekuschelt sitzen. Einige lächeln zurück.

»Ich habe es immer gewusst«, flüstere ich Schreiber ins Ohr.

Sie schluchzt.

»Jetzt werden wir eine Familie.«

Schreiber zieht den Rotz hoch, dreht den Kopf zu mir und schaut mich mit geröteten Augen an. Wie schön sie ist. Ich sage: »Wie das wohl wird? Wir drei? Mann, bin ich glücklich!«

Schreiber schneuzt sich – wie immer laut und wenig damenhaft. Ich lächle. Lasse meinen Blick über den See in die Ferne schweifen. Das Leben ist gut zu uns. Schreiber legt ihren Kopf auf meiner Schulter. Wie glücklich sie ist! Ich spüre, wie mir etwas in den Kragen tropft. Freudentränen! Ihr Kopf hebt sich leicht, und plötzlich niest sie. Die Ärmste! Sie verliert die Kontrolle, und ich genieße den Augenblick. Wieder tröpfelt es auf meinen Halsansatz. »Liebste«, sage ich, »beruhige dich doch.« Sie lächelt mich an. Endlich will sie etwas sagen. Dass sie sich immer ein Kind von mir gewünscht hat? Dass ich der Beste aller Väter sein werde? Ich schaue sie an, und an der Nasenspitze sammelt sich ein Tropfen.

Ich ziehe ein Papiertaschentuch aus der Tasche. Sie lächelt verklärt. Und endlich sagt sie: »Mann, was blüht denn hier so stark?«

E
R

In der Redaktion drehen sie wieder mal alle durch. Der Grafiker brüllt die Bildredakteurin an, die Fotos seien totaler Schrott, mit denen könne man den Artikel nicht illustrieren. Die Bildredakteurin brüllt mich an, dass es zu meinem Mistthema einfach keine brauchbaren Fotos gäbe. Unser Chef brüllt was von »Termin einhalten!«. Meine Büronachbarin Thea hingegen schweigt: Sie freut sich, dass ich eins aufs Dach kriege. Und ich? Ich sage gar nichts. Wozu auch? Habe Wichtigeres vor im Leben, als jeden Tag Artikel für eine Zeitschrift zu schreiben, die ein paar Tage später im Altpapier endet.

Früher hätte ich zurückgeschimpft, mich fürchterlich aufgeregt, Herzklopfen bekommen und in Gedanken meine Stelle fristlos gekündigt. Jetzt denke ich: »Meine Güte, wie wichtig die sich alle nehmen« und mache mich im Internet auf die Suche nach besserem Bildmaterial.

Große Themen

Dann ist die große Redaktionssitzung. Themen werden vorgeschlagen: Designmöbel aus Ungarn; Olivenöle im Vergleich; Knigge für Erfolgsfrauen. Redakteurin »Wichtig« tut mal wieder so, als hätte sie stets die besten Ideen, derweil Ressortleiter »Eitel« wie immer alles in Grund und Boden staucht.

Ich gähne. Gott, wie langweilig! Wie unnötig! Wie überflüssig!

»Was brütest du aus?«, will mein Chef wissen. »Große Themen«, sage ich, lege die Hände auf meinen Bauch und bin sehr glücklich.

Ich werde Vater! Kann seit Tagen an nichts anderes denken. Bin voller Glück!

Das muss ich teilen. Am besten mit meinem Kumpel Toni, in dessen Garten ich gerade sitze. Über uns funkeln die Sterne. Wie viele Nächte haben wir am Feuer zugebracht? Ich muss lächeln. Er ist nach wie vor überzeugter Junggeselle. Ich aber entwickle mich. Zuerst die Beziehung zu Schreiber: endlich mal was Solides. Dann das Zusammenziehen: eine Herausforderung. Jetzt ein Baby: die Krönung.

Ich blicke ins Universum und weiß: Mein Leben wird sich komplett ändern. Ich reise nicht länger auf die Färöer oder in die Kalahari, um für lächerlich wenig Geld darüber zu schreiben. Nein. Ich will lieber mein Kind aufwachsen sehen und bleibe deshalb in der Nähe meiner Familie. Genau! Ich mache keine Reisereportagen mehr, sondern Lokaljournalismus. Ich werde sesshaft! Habe die quälende Sinnsuche hinter mir. Denn endlich schaffe ich etwas, was Hand und Fuß hat.

Wie soll ich es meinem Kumpel sagen, dass ich ein neues Leben beginne? Ich warte einen Moment ab und lege Holz nach. Die Funken sprühen und tanzen in den Himmel. Er füllt uns beiden die Gläser mit Rum und Cola.

»Toni«, sage ich schließlich und erhebe feierlich meinen Drink, »ich habe eine leuchtende Zukunft vor mir. Rate mal, was geschehen ist!« Er nimmt einen kräftigen Schluck, rülpst und sagt: »Du hast dich getrennt?«

Wir liegen im Bett, und ich gehe in Gedanken die Formel-1-Piloten durch: Die finnischen Vornamen gefallen mir: Kimi, Jarno, Heikki. Auch japanische Namen sind vokalreich: Taku, Tora, Aguri. Natürlich bringe ich solche Namen nicht durch. Und da Schreiber das »r« hinten im Rachen gurgelt, kommen auch keine italienischen Piloten in Frage wie: Giancarlo, Alessandro oder Gianmaria. Hingegen könnte sie Ralf oder Heinz-Harald korrekt wiedergeben.

»Britney

wieder solo«

Ich sage: »Heinz-Harald gefällt mir nicht.« Schreiber legt die Illustrierte weg, in der sie gerade blättert und vermutlich nach glamourösen Namen sucht wie Paris, Brad oder Uma. »Bitte?« – »Ich will keinen Heinz-Harald«, wiederhole ich. Schreiber sagt: »Ich auch nicht.«

Gut, denke ich und spinne meine Gedanken weiter. Steven? Natürlich konnten meine Eltern damals nicht wissen, dass der berühmteste Regisseur der Welt einst den gleichen Vornamen tragen würde wie ich. Abgesehen davon hat kein Mensch in unserem Dorf meinen Namen richtig, also englisch ausgesprochen. Jeder nannte mich »Schtiefen«, was etwa so urschweizerisch klingt wie Urs. Erst als ich mich im Gymnasium vorstellte und daraufhin ausgelacht wurde, erfuhr ich, wie mein Name richtig klingen musste.

Zum Glück haben wir noch ein bisschen Zeit. Ich greife deshalb zum Krimi auf dem Nachttisch. Titel: »Das falsche Urteil«. Der Autor: Hakan Nesser. Hakan?

E R

Im Supermarkt treffen wir gute Bekannte von mir aus der Zeit vor Schneider. Manu ist hochschwanger und beide sprechen freudig über ihr »Vorprojekt«, womit sie das Baby in ihrem Bauch meinen. Ich bin sicher, dass sie das wahnsinnig originell finden. Das sind sie sich auch schuldig, denn sie sind Architekten, tragen nur Schwarz und wohnen in einem Kubus mit Treppen ohne Geländer. Mir tut das Kind jetzt schon Leid. Es wird später wahrscheinlich mit Beton-Spielsachen beschenkt, die zum Raumkonzept passen.

Später witzle ich an der Kasse: »Wir könnten unser Kind ja Apostroph nennen. Oder Ausrufezeichen.« Schneider lacht und sagt dann allen Ernstes: »Hakan!« Ach, nee. Bloß weil er grad ein Buch von diesem Schriftsteller liest. Schneider ist anfällig für Berühmtheiten. Seine Schwägerin heißt Romy Schneider, was er mir gleich zu Beginn unserer Beziehung erzählte.

»Und als zweiten Vornamen schlage ich Viturin vor. Weißt du, der Junge in diesem schönen Bündner Kinderbuch heißt doch so«, sagt Schneider und reicht mir den Tomatensugo. Ich packe ein und kontere: »Wie wär's mit Nutella? Ist auf der ganzen Welt bekannt und endet auf A.«

Wir schleppen unsere Tüten ins Freie und winken Manu und Heinz, die ihr Vorprojekt gerade mit einem Volvo nach Hause fahren. Schneider blickt zum Kiosk und liest mir eine Schlagzeile laut vor: »Britney wieder solo«.

Wehe!

Ich habe schlechte Laune. Grundlos. »Du bist ganz schön schwanger«, sagt mein Liebster beim Frühstück, »eine Luftveränderung täte dir gut.«

**S
I
E**

Stimmt. Außerdem schwimme ich in Überstunden – also nichts wie weg. Ich habe auch eine Idee: »Hast du Lust aufs Engadin? Wir suchen uns ein nettes Hotel mit Spitzenküche und Wellness-Anlage ...« – Schneider unterbricht mich: »Spitzenküche? Dir ist doch dauernd schlecht. Und Wellness? Sauna tut Schwangeren sicher nicht gut! Nein, ich weiß, was wir machen: Wir könnten doch ein paar Tage zu meiner Tante nach Italien fahren.«

»Ach ja, und kiloweise Muscheln essen, während du dich köstlich amüsierst und ich kein Wort verstehe.«

»Eben! Ist doch toll. Komm, das machen wir. Ich ruf Zia Ida an und frage, ob wir kommen können.« Er wetzt aus der Küche.

Ich beiße in ein saures Gürkchen und sinniere. Schneider will immer unterwegs sein. Es ist ihm völlig egal, wie lange wir dafür im Auto sitzen oder ob mir die Sache Spaß macht. Hauptsache, wir sind woanders.

Ins Land der

Muschelberge

»Meine Tante freut sich«, ruft er aus dem Wohnzimmer.

Der Schuft! Ich lasse ihn noch eine Weile zappeln. Auf diese Weise bekomme ich meine Lizenz zum Dauermeckern, schließlich mache ich das alles nur ihm zuliebe.

»Komm, du weißt doch, in Italien drehen sowieso alle durch, wenn sie sehen, dass du schwanger bist«, versuche ich Schreiber zu überzeugen.

»Ich bin in der neunten Woche. Kein Mensch sieht, dass ich schwanger bin. Das vergisst du wohl.«

Nein. Vergesse ich nicht. Ich zerre einfach jedes Argument ans Licht, um verreisen zu können. Denn noch geht das ganz einfach. Wer weiß, was später ist? Was, wenn unser Kind im Auto dauernd kotzt? Wenn es im Flugzeug pausenlos schreit? Oder im Zug so heftigen Durchfall bekommt, dass die ganze Pampe oben beim Kragen rausläuft und das Polster versaut, wie es ein Neffe von mir geschafft hat?

In meinen Albträumen reisen wir in Zukunft nicht mehr weit. Höchstens bis zum See, der knapp elf Minuten von uns entfernt liegt. Zu Fuß. Dort essen wir mit zehntausend anderen Jungeltern im Stehen eine Wurst, während wir ständig am Kinderwagen ruckeln, um das schreiende Baby zu beruhigen. Als Krönung schlecken wir auf dem Heimweg ein Eis am Stiel und erreichen völlig erledigt unsere Wohnung. Eine tolle Tour!

»Wir müssen unsere letzten Freiheiten nutzen«, beschwöre ich Schreiber, die den Ernst der Lage verkennt.

»Ich fühle mich nicht eingesperrt«, antwortet sie.

Ich gehe an die Grenze: »Liebste. Ich werde mich über keine deiner Launen ärgern.«

»Versprochen?«

»Ja.«

Schreiber stimmt zu und lächelt listig.

Schokolade ist mein Grundnahrungsmittel Nummer eins bei Liebeskummer, bei Verliebtheit, bei Grippe, Stress und Langeweile.

Im Rausch der

Hormone

Also immer.

Nun schwappt das Glück in mir hin und her wie ein großer Schokoladenpudding. Und ich könnte kotzen. Was ist los mit mir? Ich kann weder an Schokolade denken, ohne dass mir schlecht wird, noch an ihr riechen.

Auf einmal riecht sowieso alles viel zu intensiv. Und meistens mies! Meine Büronachbarin Thea trägt in letzter Zeit ein besonders widerliches Parfum. »Gab's den Duft im Sonderangebot?«, frage ich sie, als unser Büro wieder mal wie eine Billig-Drogerie riecht. Sie lächelt schmallippig und sagt was von »limitierter Auflage«. – »Kein Wunder, limitiert: Diesen Gestank kann man in großen Mengen sicher nicht verkaufen.« Ha! Eins zu null für mich!

Mittagspause. Die anderen holen sich belegte Brote beim Italiener. »Du, sollen wir dir auch ein Panino mitbringen? Wie immer deinen Kalorienbomber Mortadella, Mozzarella mit frittierten Auberginen?«, fragt Thea schnippisch und äugt auf meinen Bauch. Sie gönnt sich bestimmt wieder nur Parmaschinken und Melone. Ich verneine dankend und kämpfe still gegen meinen rumpelnden Mageninhalt an: einen Apfel und zwei Stück Zwieback.

Wenn das so weitergeht, erreiche ich mein Idealgewicht. Dabei will ich einen Bauch!

S
I
E

Ich bin von Kopf bis Fuß eingeseift und denke nach. Ich mache mir Sorgen. Schreiber ist seltsam, jedenfalls seltsamer als sonst.

Im einen Augenblick möchte sie in Zukunft nur noch Mutter sein, im andern hingegen auch mit Kind weiter an ihrer Karriere basteln. Mal findet sie, ich sollte mit ihr vier Monate zu Hause bleiben und mich nur um sie und das Baby kümmern. Dann korrigiert sie, zwei Wochen würden reichen. Nur Minuten später vermeldet sie mit brüchiger Stimme, unter acht Monaten bräuchte ich gar nicht wieder zur Arbeit gehen.

Oder vorhin beim Frühstück: Schwer seufzend legte sie den Löffel zur Seite und meinte: »Ich schaff das nicht mit dem Kind«, um nach dem nächsten Bissen zu sagen: »Du schaffst das nicht mit dem Kind«, und schließlich, nach einem weiteren Bissen: »Ich schaffe dieses furchtbare Müsli nicht.«

Das wirklich Seltsamste geschah gleich anschließend. Ich stand auf und drückte ihr einen Kuss auf den Mund. Wie immer, bevor ich ins Büro fahre. Sie rümpfte die Nase: »Du stinkst!«

»Ich stinke?«

»Ja. Nimm es nicht persönlich.«

Ich? Ach Gott, nein, wer nimmt das schon persönlich, wenn ihm an den Kopf geworfen wird, er stinke?

Ich drehe das Wasser wieder an. Die Seife hatte zehn Minuten Zeit, mich bis in die Poren zu reinigen. Ich hoffe, meine Schwangere riecht auch das.

Ich will aber nicht ins Vater-Kind-Turnen!

Ich will nach Australien
auswandern und mit Toni
am Lagerfeuer sitzen …

Ich werde Vater.

Vor zwei Wochen dachte ich, es gäbe nichts, was ich lieber wollte. Und heute? Wir sitzen wieder mal am Lagerfeuer. Toni nagt am letzten Hühnerbein und wirft es über die Schulter in die Rosen.

ER

Er mixt uns zwei Cuba Libres: Zwei Fingerbreit Rum, Eis, dann das Glas mit Cola füllen. Der Drink erinnert uns an Freiheit und Abenteuer: Wir waren 22 Jahre alt, gaben uns als blonde, sowjetische Genossen aus oder sozialistische Brüder aus der DDR, um mit der billigen einheimischen Währung einen Sommer lang im Lada durch Kuba zu reisen.

»Hier«, sagt Toni, reicht mir das Glas und ruft lachend: »Viva la revolucion!« Ja, denke ich, Revolution schon, aber libre? Mir ist nicht

Freiheit ade!

zum Lachen. Mit einem Kind kommen etwa eine Million Einschränkungen auf mein Leben zu.

Das gefällt mir nicht.

Schreiber sagt, es beruhige sie zu wissen, wie ihr Leben in den kommenden 20 Jahren aussehen wird. Ich will aber nicht ins Vater-Kind-Turnen, an Elternabenden in die Schule, in den Zoo mit zehntausend anderen. Ich will lieber mit Toni am Lagerfeuer sitzen bis zum Sonnenaufgang, wenn mir danach ist. Ich will nach Australien auswandern. Ich will nicht erwachsen werden.

Ich fürchte, dass eine riesige Eisenkugel an mein Bein gekettet wird. Und nur Schreiber hat den Schlüssel dazu.

»Toni?« Ich werfe meinem Kumpel einen besorgten Blick zu: »Haben wir genügend Rum da?«

Durch das Fenster meines Büros blicke ich auf den Spielplatz. Da sitzen sie, die gestressten Mütter mit ihren plärrenden Sprösslingen, die sich die Plastikschaufeln über die Köpfe hauen. Die Kleinen brüllen: »Mamaaa, schau maaal!« Die Mütter schauen nicht hin und rufen: »Braaavo!«

Ist das meine Zukunft? Am Spielplatz sitzen, Rotznasen putzen und Sandkuchen backen?

Habe ich dafür so lange an meiner Karriere gearbeitet? Ich war doch glücklich mit meinem Leben. Ausschlafen, spontan ins Kino gehen, neue Restaurants ausprobieren, Design-Messen besuchen.

Ich warte, bis Thea aus dem Zimmer geht, dann rufe ich Schneider an. »Ich werde weiter arbeiten, auch wenn das Kind da ist. Ich liebe meine Arbeit. Mir gefällt's in der Redaktion. Ich brauche den Trubel. Wir müssen unbedingt einen Platz in der Kinderkrippe reservieren.« Schneider lacht: »Zuerst bekommst du das Baby.«

S I E

Ach! Soll ich als Mutti am Herd enden? Schreiber, Baby, Brei: Das klingt wie Endstation. Einbahnstraße. Abstellgleis. Nein! Ich lege auf und suche im Telefonbuch eine Nummer. Dann wähle ich rasch, solange Thea noch nicht zurückgekommen ist.

Wie alt das Baby sei, will die Dame wissen. »Ähm, es ist noch in meinem Bauch.« – »Aha. Und für wie viele Tage wollen Sie es denn anmelden?« – »Drei oder so? Was kostet das denn in etwa?« – »Das hängt von Ihrem Verdienst ab. Rechnen Sie mit 1200 Franken im Monat ...«

Ist gebucht!

Die Zahnbürste bleibt mir im Hals stecken. Ich setze mich auf den Rand unserer Füßchenbadewanne.

»Wasch hascht du geschagt?«

»Dass ich unser Kind in die Krippe angemeldet habe.«

Ich nehme die Bürste aus dem Mund, spucke ins Waschbecken und schüttle den Kopf. »Das ist nicht dein Ernst.«

Wer betreut

das Kind?

Sie drückt etwas Zahnpasta auf ihre Bürste, blickt starr in den Spiegel und sagt: »Doch.«

Hm. Ich wusste, dass wir uns dem Thema vermehrt widmen sollten. Sie hat immer gesagt, wie wichtig ihr der Beruf sein würde. Und ich habe immer nur gedacht: Warten wir mal ab. Ich sage: »Findest du nicht, dass wir so etwas gemeinsam besprechen sollten?«

»Was gibt's da zu besprechen? Wir wollten beide ein Kind, und ich will weiterhin im Beruf erfolgreich sein. Das kann ich nicht, wenn ich nicht mehr arbeiten gehe. Basta!«, erklärt sie ihrem Spiegelbild.

Ich gebe zu: Es hat was, wenn das Kind fremdbetreut ist. Hab ja auch genug damit zu tun, mein Geschäft aufzubauen, damit es endlich mal Gewinn abwirft. Aber irgendwie stört mich etwas daran. Warum wollte ich ein Kind? Und warum wollte ich es unbedingt mit Schreiber? Bin ich naiv? Und ist es nicht vollkommen bescheuert, Menschen, die noch gar nicht auf dieser Welt sind, bereits wegzugeben?

Fehlt nur noch, dass sie sagt: »Es ist mein Kind, ich entscheide das.«

»Es ist mein ...«

Und ist das meine Frau?

Er schiebt mich beiseite. »He, he«, sage ich.

»Na, ich muss mal den Mund spülen. Beruhige dich«, sagt er, nimmt einen Schluck Wasser und spült.

»Ich verdiene schließlich mehr als du«, sage ich. – Er gurgelt. – »Und ich habe Aussicht, bald Ressortleiterin zu werden.« – Er gurgelt noch immer. – »Könntest du endlich mal mit diesem Gegurgel aufhören. Das klingt ja fürchterlich!«

Er spuckt ins Waschbecken. Ist wahrscheinlich hart für ihn, dass ich die Existenz für unsere Familie locker sichern könnte, während er noch mit seinem Pressebüro in der Aufbauphase steckt. Außerdem könnte er sich auch mal Gedanken zu diesem Thema machen: Kind und Geld verdienen.

Er sagt: »Ich weiß zwar noch nicht, wie wir das lösen werden. Aber – und das ist mir ganz, ganz wichtig: Ich will, dass du die Anmeldung wieder zurückziehst. Ich finde es unmöglich, dass unser Ungeborenes schon Terminpläne hat und Dienstag, Mittwoch, Donnerstag in die Krippe muss. Das ist einfach kein gutes Vorzeichen! Es soll doch erst einmal Mensch werden dürfen.«

Mir sitzt ein Kloß im Hals. Es war wirklich nicht in Ordnung von mir, das Zwirbelchen einfach anzumelden. Aber ich dachte: Sicher ist sicher.

Ich fasse mich: »Es ist mein ... – Leben, meine Karriere, meine Zukunft. Tut mir Leid, aber ich bin ein bisschen aus der Fassung.«

Morgen melde ich das Kleine wieder ab.

S
I
E

Wir sind auf dem Weg zu Zia Ida ins Friaul und stehen im Stau. Staus gehören zu den Dingen, die ich hasse.

Schreiber ist schuld. Ich wollte über den San Bernardino, sie durch den Gotthard. Hatte ja angekündigt, ihren Launen zu folgen. »Bitte, reg dich nicht auf«, versucht sie mich zu beruhigen. »Sag mal, wie bist du eigentlich zur Welt gekommen?« Sie will vom Stau ablenken.

Doch so schnell lasse ich mich nicht von meiner berechtigten schlechten Laune abbringen. »He! Jetzt sag doch was!« Ich hole Luft: »Weißt du, warum ich Staus so hasse? Weil ich aus einem komme. Ja, das wird es sein, weshalb ich diesen Stillstand nicht ausstehen kann. Ich steckte im Geburtskanal fest. Nichts ging. Weder nach vorne noch nach hinten. Stau im Bauch. Kannst dir vorstellen, dass es ziemlich das Letzte war, festgekeilt zu sein. Verdammt, hier bewegt sich ja gar nichts mehr!«

Stautrauma

Rasch wechsle ich in eine Lücke in der rechten Spur, denn die scheint mir ein kleines bisschen schneller zu sein. »Tja, und irgendwann, als mein Papa schon längst wieder zur Arbeit gegangen war, und meine Mutter gar nicht mehr konnte, haben sie mich mit einer Zange herausgeholt. Brutal, gell?«

Na super! Jetzt herrscht in unserer Spur Stillstand und die links schieben sich zügig an uns vorbei.

Es sind immer, immer die anderen, die vorwärts kommen! Ich hasse Staus!

Schneider ist ungenießbar. Dass ihn sein Geburts-
trauma in der Blechkolonne einholen würde, konnte
ich doch nicht ahnen.

»Weißt du, jeder hat so seinen Start!«, beschwichtige
ich ihn. »Meine Mama war mit mir hochschwanger,
als sie auf den Jahrmarkt ging. Sie fuhr den legendären
›Stehkäfig‹. Das ist ein Gitterkäfig, der sich rasend
schnell in der Senkrechten dreht. Meine Mutter kleb-
te an der Wand, und mir wurde im Bauch angst und
bange.«

Schneider seufzt: »Wären wir doch über den San Bernardino gefahren.«

»Ich wollte raus«, sage ich.

»Raus? Wo? Hier gibt's keine Ausfahrt!«

»Raus aus meiner Mutter! Hörst du mir überhaupt zu?«

Schneider stänkert: »Klar.«

»Mir sind Karussells bis heute nicht geheuer. Hohe
Tempi liegen mir nicht. Von daher sind Staus genau
mein Ding. Langsam mag ich lieber.«

»Wenn sich wenigstens irgendwas bewegen würde!«

Miesepeter! Dabei hatten wir doch ausgemacht, dass
ich zickig sein könnte. Na warte!

»Weißt du, dass meine Eltern jede Menge Fotos haben
von Skiurlauben, Italienferien und Bergwanderungen?
Aber keines von den drei Schwangerschaften meiner
Mama«, fahre ich fort. »Machst du bitte von jetzt an
jede Woche ein Bild von mir?«

»Jede Woche?«, knurrt Schneider und zwängt sich in
die linke Spur zurück.

»Und von dir machen wir das auch!«, sage ich fröhlich. »Dann können wir unsere Wampen gegenüber-
stellen.«

SIE

Ich sitze in einer Ecke von Tante Idas Bar, dem einzigen Treffpunkt im Dorf. Es ist laut, die Neonlampe an der Decke leuchtet hell, die Luft ist rauchgeschwängert. Schneider steht an der Bar, schmachtet seine schöne Cousine hinter der Theke an, Zio Renzo erzählt wieder mal Witze, und der Vater meines Kindes lacht zu laut.

Wusste ich's doch. Wie jedes Mal, wenn wir hier sind, lässt mich mein halber Italiener links liegen und spielt sich auf. Wären wir doch ins Engadin gefahren!

Würde ich sagen, dass ich schwanger bin, dann wäre ICH der umsorgte Mittelpunkt. Aber ich schweige und warte, bis die zwölfte Woche rum ist. Das haben wir so abgemacht. Es kann ja noch so viel schief gehen.

Zum Vergessen

Ich seufze laut, was keinen Menschen kümmert. Schneider spendiert eine Runde Wein und hat mich anscheinend vergessen. So schnell geht das!

Da streicht mir Idas Hündchen um die Beine. Meistens kläfft Melinda hysterisch und hechelt asthmatisch, aber heute benimmt sie sich ganz anständig. Obwohl ich mich eigentlich vor Hunden fürchte, überwinde ich mich: wenigstens ein Wesen, das etwas von mir will. Ich hebe Melinda vorsichtig auf meinen Schoß und kraule ihr dünnes Haar. Wird meinem Baby sicher gut tun, so ein Hundeherz an seinem Ohr. Melinda döst ein und schnarcht laut.

»Wie dein Papa«, flüstere ich meinem Zwirbelchen zu.

Zia Ida, die Schwester meiner Mutter, hat alles versucht, um Kinder zu bekommen. Es hat nicht geklappt. Also sind wir vier Neffen ihr Kinderersatz. Ich fand das als Junge großartig, wenn sie mich an ihren üppigen Busen drückte. Nun wird bald unser Kleines dieses Vergnügen haben.

Ich besuche sie gerne. Denn ich liebe nicht nur das Gezirpe der Grillen, das Quaken der Frösche und Gegurre der Tauben hier im Friaul, sondern vor allem auch die kleine Bar von Zia Ida und Zio Renzo. Sie ist ihr erweitertes Wohnzimmer, in dem die alten Männer Karten spielen und spätabends zu singen beginnen.

Die Tradition verlangt, dass ich meinen ersten Abend bis zum bitteren Ende in der Bar verbringe. Unentwegt erzählen mir die alten Männer, die alle einmal in der Schweiz gearbeitet haben, ihre Anekdoten. Sie prahlen mit ihrem Schweizerdeutsch und lachen mit zahnlosen Mündern. Meine Cousine Patricia – die Tochter eines Bruders meiner Mutter – strahlt wie immer.

Aber wo steckt Schreiber? Ich sehe mich um und entdecke meine Liebste hinten beim Töggeli-Kasten in Gesellschaft von Melinda, die auf ihrem Schoß schläft. Offenbar entwickelt Schreiber erste Muttergefühle, denn bis jetzt konnte sie das Hündchen nicht leiden. Schreiber hat die Augen geschlossen, sie scheint es richtig zu genießen.

Klasse! Ich wende mich wieder meiner Cousine zu und bestelle eine Runde Roten. So haben wir alle etwas von diesem Abend!

Schreiber setzt sich nur selten freudig in ein Auto. Sie hat zwar den Führerschein, aber fahren tut sie nicht. Ich möchte das ändern. Denn es ist gut, wenn man Auto fahren kann, vor allem als Mutter. Nehmen wir mal an, das Kind schlägt sich zu Hause den Kopf auf und blutet wie die Sau. Ist doch wichtig, dass man gleich zum Arzt flitzen kann. Ich meine, sie kann ja nicht mit einem schwer verletzten Baby in der Straßenbahn unterwegs sein.

Rasend gern Italiener

Deshalb werde ich Schreiber über kurz oder lang das Autofahren wieder beibringen. Auch wenn sie sich sträubt und vom Umweltschutz palavert. Außerdem träume ich ja davon, aufs Land zu ziehen. Schreiber weiß zwar noch nichts davon. Aber die Großstadt ist doch kein Ort für Kinder. Und zudem — hooopla, diese Kurve ist ein bisschen enger, als ich sie in Erinnerung hatte — und zudem halte ich vom öffentlichen Verkehr zwar sehr viel, aber mit Kinderwagen und einem stundenlang schreienden Baby setze ich mich nicht in den Zug. — HEY, MANN! Spinnt der? Überholt bei Gegenverkehr! Hier in Italien, und im Friaul besonders, hängen die Leute kein bisschen am Leben. Idiot! — Wäre ich nicht vom Gaspedal, hätte der es nicht mehr rechtzeitig auf seine Spur geschafft. Ich blicke in den Rückspiegel. Schreiber ist ganz weiß im Gesicht.

Die Ärmste, vermutlich ist ihr wieder mal zum Kotzen. Eine Schwangerschaft ist einfach kein Zuckerschlecken!

Onkel Renzo hat Schneider ans Steuer von seinem schicken Lancia gelassen. Was für eine Ehre! Mein Liebster macht es sich bequem, gibt Gas und etwas Seltsames geschieht. Aus meinem braven Schweizer wird ein rasender Italiener. Mein Schneider mimt den Lässigen, den Macho. Er redet mit seinem Onkel, fuchtelt dabei wild mit der einen Hand in der Gegend herum, in der anderen hält er das Steuerrad. Wenn überhaupt. Manchmal braucht er beide Hände, um etwas zu erklären, dann klemmt er das Knie unter den Lenker. Angeber!

Tempoangaben sind ihm total egal. »Da hält sich in Italien sowieso niemand dran«, lässt er mich wissen, als wir mit 50 Sachen an einem 30er-Schild vorbeidüsen und ich von hinten schimpfe, dass er endlich langsamer fahren solle.

Kurven nimmt er rasant. Zia Ida und ich segeln auf dem Rücksitz zur Seite. Schneider zwinkert mir im Rückspiegel zu und ich bete zu unseren Schutzengeln. Muss er mit dem sportlichen Fahrstil wettmachen, dass wir nur einen alten Peugeot-Kombi haben? Hätte er lieber einen rassigen Italiener?

Dabei ist Schneider zu Hause ein ganz anderer. Dort fährt er rücksichtsvoll, hält vor jedem Zebrastreifen, beschleunigt sanft und schaltet geschmeidig, damit es mir als schwangere Beifahrerin ja nicht schlecht wird. Doch hier vergisst er, dass wir zukünftige Eltern sind. Und wenn er in der nächsten Kurve nicht abbremst, vergesse auch ich mich ...

S
I
E

Es ist so weit: Ich kann zum ersten Ultraschall. Meine Güte, bin ich aufgeregt! Wie das wohl wird, diese erste Begegnung mit unserem Kind? Hoffentlich ist alles gut!

»Liebster, denk dran, morgen ist der Termin!« – Schneider legt die Zeitung zur Seite: »Was? Jetzt schon? Ich dachte, das dauert noch ein paar Monate?« – »Kleiner Scherzkeks!«, denke ich und sage: »Nein, ich meine den Ultraschall-Termin. Habe ich dir doch vorletzte Woche schon gesagt.« Schneider schweigt. Ich lache: »Na? Schon vergessen?« Schneider schweigt weiter.

Nur nicht aufregen, denke ich und sage langsam und deutlich: »Wir gehen also morgen früh zu meiner Ärztin. Sie macht eine Ultraschall-Untersuchung, damit wir sehen, ob sich das Zwirbelchen am richtigen Ort eingenistet hat und alles in Ordnung ist.« Schneider mustert mich skeptisch. Ich glaube, er fürchtet sich davor: »Musst doch keine Angst haben!«, sage ich. Es reicht, wenn ich die schon habe.

Bild aus dem Bauch

»Ich habe keine Angst!«, sagt Schneider.

»Was hast du dann?«

»Keine Zeit.«

Jetzt rege ich mich auf, und zwar fürchterlich: »Das gibt's doch nicht! Es steht in deiner Agenda!« – Er meint: »Hätte die Natur vorgesehen, dass man Kinder vor der Geburt sieht, dann hätten Frauen ein Fenster im Bauch.«

Schon möglich. Männer, zumindest meiner, haben ja auch meistens ein Brett vor dem Kopf.

Ich bin noch nicht ganz durch die Wohnungstür, als Schreiber schon ruft: »Duhu, wenn du die Hände gewaschen hast, dann setz dich doch bitte ganz schnell zu mir aufs Sofa.« – »Hände waschen?«, frage ich. »Ja. Ich möchte, dass du von jetzt an immer zuerst die Hände wäschst, wenn du nach Hause kommst. Bitte!« Blitzsauber setze ich mich also neben Schreiber. Sie will mir ganz genau vom Besuch bei der Frauenärztin erzählen. Dass alles in Ordnung ist, hat sie mir schon am Telefon gesagt. Auch, dass sie tolle Aufnahmen gemacht hätten.

»Hier«, sagt sie begeistert und zeigt auf den Papierstreifen: »Das ist unser Kind!« – Ich schaue hin, sehe aber nichts. Schreiber kuschelt sich an mich. »Süß, nicht wahr?«, fragt sie. »Siehst du, das ist der Kopf!« Sie zeigt auf einen weißen Nebel. »Und das hier, warte, ja, genau hier, das ist sein Bäuchlein. Es schlägt dir nach, guck, ganz rund!« Schreiber gluckst. »Ich musste natürlich weinen, und meine Ärztin auch.« Sie schnieft. Es geht wohl gleich wieder los.

Ich habe zwar keine tränenden Augen, aber ich sehe trotzdem nur verschwommene schwarze, graue und weiße Flecken.

»Sag doch was«, meint Schreiber. Ich will nichts Falsches sagen, überlege und erkläre möglichst interessiert: »Finde ich super, dass die Aufnahmen schwarzweiß sind, das macht's irgendwie moderner.«

E
R

Wir kriegen Besuch von Schreibers Architekten-Bekannten. Das Vorprojekt ist zur Welt gekommen.

Es klingelt, ich öffne. Heinz schwingt einen Baby-Autositz hinein. Vom Handgriff baumeln Sterne aus Naturholz. Dahinter walzt seine Frau mit Reisekoffer in die Diele. »Wie lange wollt ihr denn bleiben?«, frage ich fröhlich.

Küsschen, Küsschen. »Suuuper siehst du aus«, sage ich zu Manu. Und zu ihm ein »Gratuliere!« und »Tolle Geburtsanzeige!«. Auch wenn das gelogen ist. Ich gehe in die Hocke und betrachte das Baby aus der Nähe. Sieht deutlich besser aus als das Bild auf der Anzeige, wo 90 Prozent Corbusier-Sessel und 10 Prozent Babyausschnitt drauf waren. »Soll ich mal?«, frage ich. Heinz löst die Schultergurte, hebt Leonie aus dem Korb und legt sie mir in die Arme.

Bitte auf den Arm nehmen!

Hey, ist die leicht! Ich staune. »Sieht aus wie ein uraltes Weiblein, nicht wahr?«, sage ich und lächle.

Die Eltern lächeln nicht.

Schreiber biegt rasant um die Ecke, ein Kuchenblech in der Hand, ruft begeistert: »Gott, wie süß!« und »Bin gleich zurück«, bevor sie wieder in die Küche rauscht. Die frisch gebackene Mutter wirft sich hinterher, der Papa sagt: »Du, ich muss aufs Klo« und wird dort eine Weile mit der neuesten Ausgabe des »Hochparterre« verweilen, das Schreiber extra gekauft hat.

Und ich? Ich blicke mich um, dann Leonie an und sage: »Joduudeliduhübschiherzigi!«

Mein Liebster macht sich gut: Trägt seit einer Weile Leonie auf seinem Arm, küsst das kahle Köpfchen und zwischendurch höre ich ihn seufzen. Vor Glück, wie mir scheint.

Bei mir sieht das anders aus. Das zerknitterte Vögelchen macht mir Angst. Weshalb nur traue ich mich nicht, es in die Arme zu nehmen?

Ich lenke mich ab, indem ich den Tisch decke, mit Manu, der frisch gebackenen Mutter, rede und dabei immer irgendetwas in den Händen halte. Soll bloß niemand auf die Idee kommen, mir dieses kleine Häuflein in die Arme zu legen.

»Da, nimm sie doch auch mal!«, sagt Schneider und lächelt. Alle schauen mich aufmunternd an. Ich weiß: Früher oder später muss ich sowieso!

Schneider reicht mir Leonie mit der Bemerkung: »Du musst das Köpfchen halten.« Als wüsste ich das nicht! Etwas ungelenk halte ich diese drei Wochen Leben in meinen Händen. Leonie blinzelt mich an und verzieht das Gesicht wie eine Dörrtomate. »Du musst sie etwas aufrechter tragen«, erklärt Manu und beißt ins Quarkhörnchen.

Leonie mag mich trotzdem nicht. Sie wird auf einmal sehr laut und kriegt blitzschnell einen hochroten Kopf. Ich ruckle mit dem Oberkörper, um sie zu beruhigen. Mir ist auf einmal sehr heiß. Manu fragt mit vollem Mund: »Macht es dir etwas aus, ein wenig hin und her zu gehen? Das wird sie gleich beruhigen.«

Und wer beruhigt mich?

S
I
E

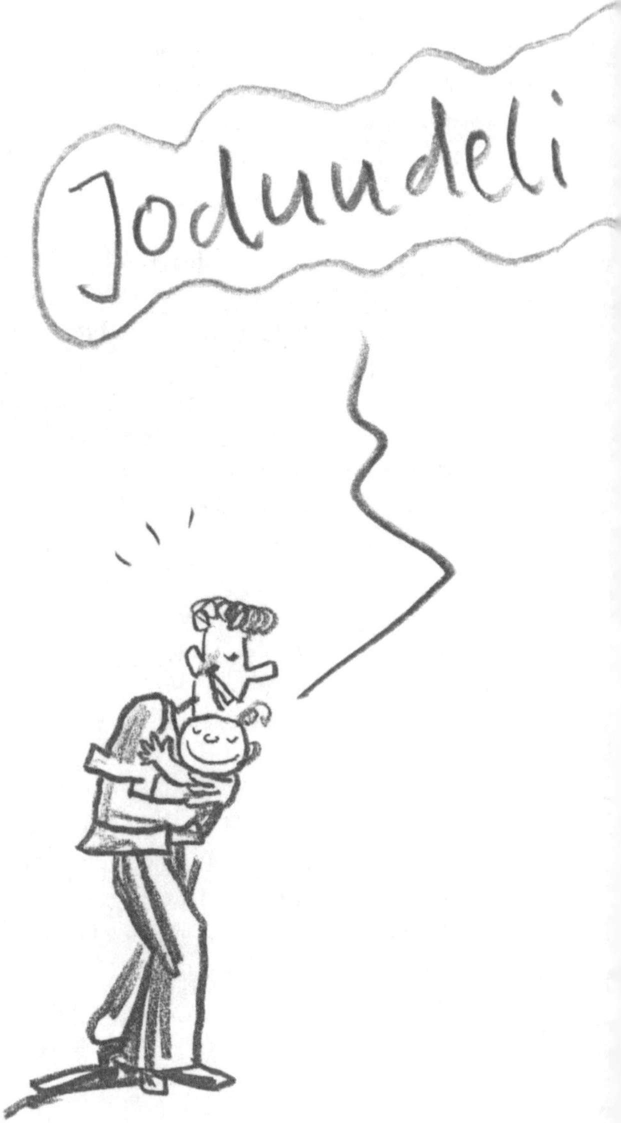
Joduudeli

du hübschi..

Heute sag ich's. Bin etwas nervös. Gerade als ich ins Büro zu meinem Chef will, hör ich ihn ins Telefon brüllen: »Dann schreib halt schneller! Der Abgabetermin war gestern!«

Keine gute Voraussetzung, ihm von meinem Glück zu erzählen.

Ich warte noch ein bisschen, hole mir eine Limo am Automaten und gehe in Gedanken meine Kolleginnen durch. Kaum eine ist Mutter,

Jetzt ist es raus

die meisten sind überzeugt kinderlos. Oder tun zumindest so, wie Thea vom Nachbartisch. Sie wird ihre helle Freude daran haben, dass ich jetzt im Muttisumpf versinke.

»Du, wir müssen reden!« Mein Chef haut in die Tasten und sagt: »Mhm, jetzt?« Ich schließe die Türe. Er schreibt weiter. Jetzt oder nie: »Du, ich bin schwanger!«

Das sitzt. Seine Hände halten still. Er schaut mich an, steht auf, kommt auf mich zu – und gibt mir einen Kuss auf die Wange: »Gratulation!«

Vielleicht muss er eine Stelle abbauen und ist heilfroh, mich loszuwerden? Was sonst!

»Setz dich! Weißt du, meine Frau und ich wollten auch immer Kinder, aber es hat nicht geklappt. Es ist ein großes Geschenk, wenn man so etwas erleben kann! Ich freue mich für dich! Willst du was trinken?«

Ist das mein Chef? Der sich mit schlechter Laune einen Namen gemacht hat, der bekannt ist für seine Schikanen. Dieser Mann zeigt Gefühle?

Was so ein ungeborenes Kind alles bewirken kann.

S
I
E

Drei Monate sind um, es ist so weit: Meine Familie soll vom Nachwuchs erfahren. Schreibers sind schon im Bilde. Ihre Mutter meinte: »Ach, in diesen schlimmen Zeiten ein Kind in die Welt setzen? Hast du dir das auch wirklich gut überlegt? Gibt es nicht genügend Kinder, die keine Eltern haben? Hättet ihr nicht besser eines adoptieren können?« Und ihr Vater sagte nur: »Ja, wenn ihr meint.«

Ich hoffe, dass meine Verwandtschaft freudiger reagieren wird. Die Gelegenheit ist günstig, da wir bei meinem Bruder zum Essen eingeladen sind. Seine Frau und er klatschen vor Freude, als wir von unserer Schwangerschaft erzählen. Dann rufen wir meine beiden anderen Brüder an, die uns lachend gratulieren. Und schließlich wähle ich die Nummer meiner Eltern: Ich höre die Tränen meiner Mutter durchs Telefon hindurch die Wangen runterkullern. Das tut gut!

Sie fängt sich und ruft meinen Papa ans Telefon. »Ja, hallo?«, sagt er. – »Du wirst wieder mal Großvater.« – »Soso« und »aha«. Gefühle zeigen ist nicht seine Stärke. Ich bin enttäuscht und sage: »Na dann, noch einen schönen Abend. Tschüss.«

Zehn Minuten später klingelt das Telefon. Mein Bruder hebt ab. »Für dich«, sagt er und reicht mir den Hörer. Mein Vater ist noch mal dran. Er räuspert sich: »Hm, ich habe eine Flasche Champagner aufgemacht. Es wird übrigens ein Mädchen.«

Ich will nicht, dass ein Fremder bei der Geburt unseres Kindes dabei ist. Gegen Ärzte habe ich nichts, sind ja auch nur Männer. Aber hier liegt genau das Übel, denn: Gebären ist Frauensache. Das wird mir immer klarer, wenn ich sehe, wie Schreiber sich mehr und mehr verändert. Und ehrlich gesagt: Männer können Händchen halten, trösten oder anfeuern, aber wir haben doch keine Ahnung, wie man ein Baby aus dem Bauch presst!

Ich wende mich an Schreiber, die gerade den letzten Rest einer angebrochenen Tafel Milchschokolade verspeist und sage: »Unser Kind soll nicht von irgendeinem Herrn Doktor empfangen werden, sondern von einer Frau.« – »Von einer Frau

Ein Mann zu viel

Doktor?«, fragt sie und schaut so glücklich, wie das sonst nur noch nach dem Genuss von Nutella und Seehasenrogen der Fall ist. Ich denke nach. Im Grunde genommen braucht Schreiber nicht ins Krankenhaus zu gehen. Dort liegen Kranke. Und zu denen gehört Schreiber nicht, sie ist schließlich nur schwanger.

Ich sehe ihr zu, wie sie im Küchenschrank nach weiteren Schokotafeln sucht. Natürlich muss letztlich sie entscheiden, wo unser Kind auf die Welt kommen soll. Sie gebärt. Da mache ich keinen Druck. »Ich habe mir gedacht, dass es vielleicht einen netteren Ort gibt, ein Kind zu gebären, als das Krankenhaus«, sage ich und denke gleichzeitig: nämlich einen netten Ort, an dem ich weit und breit der einzige Mann bin.

Zu Hause!

ER

»Was hältst du von einer Hausgeburt?«, will mein Liebster wissen. »In Holland bekommen die meisten Mütter ihre Kinder in den eigenen vier Wänden.«
Na, ich weiß nicht. Wir wohnen in einem Altbau, die Böden knarzen, wir hören die ältere Dame unter uns husten und den Single über uns stöhnen ...
»Und wenn ich vor Schmerzen schreien muss ...?«
»Dann schreist du eben«, sagt Schneider.
»Keinen Ton würde ich herausbekommen, wenn mir die ganze Nachbarschaft zuhören kann. Und dann das ganze Blut im eigenen Bett.«
»Ich sehe schon, du willst lieber ins Krankenhaus, wo es so gut riecht und die Halbgötter in Weiß regieren«, sagt Schneider zynisch. Bloß, wo dann? Im Taxi? Auf der Wiese? Im Wald? »Ich habe ein Buch von einer kalifornischen Frau gesehen, in dem sie beschreibt, wie sie ihr Baby im Meer bekommen hat«, erzählt er. — »Mein Lieber! Der Zürichsee ist im Januar ein bisschen kalt.«
Da fällt mir ein, dass ich auf dem Weg zur Redaktion immer an einem hellblauen Haus vorbeiradle, auf dessen angemalten Fensterscheiben steht: »Geburtshaus Delphys«. — »Ich habe zwar keine Ahnung, was das genau ist, aber vielleicht wäre es das«, sage ich.
Schneider wiegt nachdenklich den Kopf: »Dann ruf doch mal an und erkundige dich, ob dort Männer arbeiten.«

Wir gehen an einem der monatlichen Info-Abende ins
Delphys. Im Aufenthaltsraum brennen Kerzen, es duf-

Gemütlich gebären

tet nach Zitrone. Schneider
setzt sich auf einen Gymnas-
tikball und hopst. Der Raum
füllt sich. Alle flüstern. Bis auf Schneider: »He, Henri!
Was machst denn du hier?«, ruft er quer durchs Zimmer, als ein weiteres Pärchen hereinkommt. Die beiden Männer hauen sich auf die Schulter. »Ein alter
Bekannter«, stellt er mir seinen Kumpel vor. Fehlt nur
noch, dass sie sich über Fußball oder die Formel I
unterhalten.

Zum Glück eröffnen zwei Hebammen den Abend und
kommen gleich zur Sache. Sie erklären, dass sie mit
homöopathischen Mitteln arbeiten, keinen Damm-
schnitt machen und dass der Partner bei der Geburt
mithilft.

Dann führen sie uns durch die Räume. Das Gebärzimmer sieht aus wie ein gewöhnliches Schlafzimmer. Par-
kettböden, blaue Bettwäsche, gelbe Vorhänge, sanftes
Licht. Und in der Ecke eine riesengroße Wanne. Mir
gefällt's. Schneider auch, er lässt sich sofort aufs Bett
plumpsen und fragt: »Wenn meine Frau im Wasser gebären will, kann ich dann auch in die Wanne?« Leises
Lachen. Gott, wie peinlich! Schneider ist in Fahrt: »Ich
nehme an, dass die Frau während der Geburt nackt ist.
Kann ich mich dann auch ausziehen?«

Die Hebammen lächeln verlegen, das wäre wohl doch
ein bisschen seltsam, denn sie seien ja auch im Raum.
Schneider nickt. »Kein Problem, ihr könnt von mir aus
auch nackt sein.«

Schreiber schenkt mir keinen Blick mehr. Wie oft hat sie gesagt, dass sie meinen Humor liebt, aber wenn's darauf ankommt, versteht sie keinen Spaß.

Wobei: Ich habe ja gar keinen Spaß gemacht. In mir regen sich Instinkte, die mich ahnen lassen, dass eine Geburt ein Urknall ist und mit Schmerzen, Schweiß und Blut zu tun hat. Wie kann man dabei bloß angezogen sein?

Wir gehen die Treppe hinauf. Die Hebammen wollen uns die Wochenbett-Zimmer im oberen Stock zeigen. Mein alter Fußballkumpel stellt sich neben mich und rammt mir seinen Ellbogen in die Rippen: »Gute Idee! Nackt mit den Hebammen im Gebärpool!«

»Idiot«, denke ich.

Er grinst und meint: »Dann würde sogar ich hierher wollen, haha. Weißt du, meine Frau hat was gegen Krankenhäuser. Muss mir deshalb das hier ansehen. Aber ich sage dir: Wenn etwas schief geht, dann will ich in den OP!«

»Die arbeiten hier doch auch mit einer Klinik zusammen«, antworte ich leise.

»Nein, nein! Ich will ins Krankenhaus. Die sind heute top, sag ich dir. Haben Familienzimmer, schönes Licht, Champagner nach der Geburt, bestes Equipment, Fachärzte. Sicher ist sicher! Was brauch ich da ein Geburtshaus! Meine Frau ist ein bisschen bio, aber wenn's um meine Gene geht, rede ich mit!«

Ich auch! Ich will ins Geburtshaus – und wenn ich sehe, wie Schreiber mit der Hebamme fachsimpelt, habe ich gute Chancen.

E
R

Wir stehen im loftartigen Wohnzimmer von Leonies Eltern. Manu sieht blendend aus. Ihr Mann Heinz serviert Drinks. Es läuft Ella Fitzgerald, die Wände sind mit grauen Bildern behängt, und die Gäste halten sich am Prosecco fest.

Ich trinke Wasser und bin stolz. Das Fest zu Ehren von Leonie ist eine geeignete Bühne, um mein Minibäuchlein vorzuführen.

Ein gelungener

Abend

Ursula, eine Kosmetikredakteurin, umarmt mich: »Ich gratuliere dir, Liebste. Suuuper! Ist alles gut? Konntest du auch niemanden mehr riechen? Arbeitest du weiter? Überleg dir gut, meine Liebe, ob du deinen Mann zur Geburt mitnehmen willst.« Sie lacht spitz. »Meiner ist umgefallen.« Er steht neben mir: braun gebrannt, schwarze Locken, muskulös. Schwächling!

Michaela und Rolf steuern auf uns zu, sie Designjournalistin, er Designer: »Hey, Darling!« Sie tätschelt meinen Bauch. »Wisst ihr schon, was es wird?«, fragt sie, und ihr Mann wendet sich meinem sehr schweigsamen Schneider zu. »Wegen der Geburt«, er beugt seinen Kopf vor, als würde er ein Geheimnis verraten: »Ich hoffe, ihr werdet es besser haben als wir. Bei uns war das die totale Zumutung. Eine Riesensauerei, Blut, Schleim, Plazenta. Echt grauslig. Und ein Geschrei wie im Horrorfilm! Ich dachte: Das war's. Aus! Ende!«

So schlimm wird's wohl nicht gewesen sein, denke ich. Denn »Aus! Ende!« trägt Pickel, eine Zahnspange und sitzt gelangweilt auf dem roten Sofa.

Was für ein langweiliger Abend! Die meisten der Gäste hier sind Wichtigtuer, tragen Schwarz, Hornbrillen und reden aufgeblasen daher. Und dieser Rolf plustert sich auf, als wäre er der einzige Mann, der je eine Geburt überlebt hat. Plötzlich legt er seine Hand auf meine Schulter, als wären wir Kumpel. Meine Kumpel sind aber Fußballer und keine Designfuzzis!

Er kommt mit seinem Kopf näher und flüstert vertrauensvoll: »Na, wenn es nach mir gegangen wäre, dann hätte ich meiner Frau einen Kaiserschnitt verordnet. Ritsch-Ratsch. Saubere Sache. Und viel hübschere Kinder.« Aha, aber ich bezweifle, dass das bei seinem Sohn etwas genützt hätte. Rolf zündet sich eine Zigarette an und bläst mir den Rauch freundschaftlich ins Gesicht: »Ich finde einen Kaiserschnitt auch viel ästhetischer als dieses Gebrüll ...«

Schreiber schnappt etwas auf und schaltet sich ein: »Sagtest du was von Kaiserschnitt?« Rolf nickt. Sie legt los: »Wusstet ihr, dass immer mehr Frauen einen Kaiserschnitt wollen? Sie lassen sich freiwillig ihren Bauch zerschneiden und können danach wochenlang nicht lachen, weil die Narbe so wehtut. Und es gibt tatsächlich Männer, die ihre Frauen dazu ermuntern, einen geplanten Kaiserschnitt zu machen. Für mich sind das komplette Vollidioten!«

Was für ein gelungener Abend!

ER

Die Hose geht nicht mehr zu. Keine Chance, auch nicht mit Gummiband durchs Knopfloch. Zu eng! Großartig! Endlich ist der Bauch rund! Schneider behauptet, er sähe aus wie gebläht, aber ich freue mich über mein Bäuchlein und will ihn der ganzen Welt zeigen.

Ich gönne mir also einen Samstagvormittag in der Stadt, um mir was Hübsches, Modisches zu kaufen, das meinen gegenwärtigen inneren und äußeren Zustand perfekt zur Geltung bringt.

Nach einer Stunde Kleidersuche wird mir allerdings klar, dass Umstandsmode von umständlich kommt. Da preisen sich die Modegiganten mit schicken Sachen für werdende Mütter an und was bieten sie – Rüschenkleider mit Rosenmuster, Spitzentops mit Tulpenärmeln, knöchellange Jeansröcke, unförmige Latzhosen. Wieso gibt's keine schmalen Hosen mit dehnbarem Bund und ein dazu passendes schwarzes Oberteil mit großem Ausschnitt? Schließlich habe ich ein atemberaubendes Dekolleté, sagt Schneider.

Ich rufe ihn auf dem Handy an und knurre entnervt: »Die haben alle etwas gegen Schwangere! Ich sehe nur schauerliche, lächerliche Klamotten.« – »Wundert mich gar nicht«, antwortet er. »Schließlich lässt sich mit Schwangerschaftsmode kein Geld verdienen. Ist doch klar.« Klar? Erstaunlich, wie Schneider manchmal die Welt in einem Satz erklärt. Er fährt fort: »Schau doch bei der Gelegenheit, ob du was für mich findest. Meine Hosen werden langsam knapp.«

Der Bauch wächst

Eigentlich wollte ich an diesem herrlichen Samstagmorgen joggen gehen. Aber ich habe die letzten drei Stunden im Café verbracht, in die Sonne geblinzelt und zwei Cappuccinos getrunken. Schreiber rief mal auf dem Handy an und wollte ein wenig Ermunterung, um Geld auszugeben. Dann las ich in der Zeitung einen Artikel über werdende Väter: Studien belegen, dass sie sich ebenfalls in anderen Umständen befinden. Ich und schwanger?

Nun bin ich wieder zu Hause und träume auf dem Balkon weiter. Ich genieße die Ruhe. Zugegeben: Die vierradgetriebenen Geländewagen, die in diesem Stadtteil in Rudeln unterwegs sind, sind arg laut. Doch Ruhe gibt mir, dass ich einfach vor mich hin träumen kann und nicht alle drei Minuten nach einem Baby schauen muss, ob es noch atmet, sich erbrochen oder die Windel voll hat.

Die Tür geht auf. Schreiber tritt schwer bepackt in die Diele. Sie ist wohl doch noch fündig geworden und ruft: »Wie war's beim Joggen? In der Stadt war die Hölle los.« Sie kommt näher und lässt sich aufs Sofa plumpsen. »Ich habe nichts Gescheites gefunden!«, sagt sie. »Du glaubst nicht, wie lächerlich Schwangerschaftsmode ist! Und Hosen für dich habe ich auch nicht gefunden. Aber etwas anderes!« Sie öffnet eine kleine Tüte und zieht ein T-Shirt heraus: »Speziell für dich.« Ich dreh es herum und da steht in großen Lettern auf der Vorderseite: »Meine Liebste bekommt ein Baby und ich einen Bauch!«

Mein Chef hat Geburtstag und lädt in der Redaktion zu einem Aperitif ein. Echt nett von ihm. Seit ich schwanger bin, verstehen wir uns richtig gut. Im Gegensatz zu Thea, die keine Gelegenheit auslässt, mich auf meine katastrophale Zukunft hinzuweisen: »Wenn du aussteigst, bist du in unserer Branche null Komma nix passé. Zehn Jahre lang hast du an deinem Namen gearbeitet, dir etwas aufgebaut, und das willst du einfach so hopsgehen lassen?«

Sie schnappt sich ein zweites Glas Weißwein vom Buffet. Ich nippe am ersten Tomatensaft. Sie redet sich in Fahrt und bezeichnet Mutterschaft als Sackgasse. – Ich gebe nicht auf: »Nach einem Jahr Pause bin ich noch längst nicht weg vom Fenster!

Mutti am Herd

Ich kann ja auch nebenher Artikel schreiben.« – »Du bist vom ersten Tag an weg vom Fenster. Kein Mensch glaubt dir, dass du noch engagiert bist, wenn du ein Kind hast. Vergiss es. Als Frau hast du nur eine Chance: dabeibleiben, noch mehr leisten, alles geben. Ich muss aufs Klo.«

In mir rumort es. Es ist nicht der Tomatensaft. Es ist eine Stinkwut. Ist irgendetwas daran falsch, dass ich ein Kind erwarte? Bin ich deshalb weniger wert? Komplett überflüssig?

Als Thea zurückkommt, beugt sie sich zu mir, grinst und sagt: »Ich würde mein Kind in die Krippe bringen. Oder dafür sorgen, dass mein Mann zu Hause bleibt. Wie sieht das denn deiner? Er träumt wahrscheinlich von Mutti am Herd!«

Ich hasse Aperitifs!

Die alte Leier. Nicht schon wieder! Irgendjemand muss ihr wieder mal gesagt haben, dass sie als Muttchen hinterm Herd endet. Und Schreiber kippt gleich um.

»Krippenplätze sind eben wirklich knapp hier in der Stadt! Ich hätte den Platz behalten sollen«, entrüstet sie sich. Ich werde laut: »Wir melden kein Ungeborenes an! Kapiert!« – Schreiber braust auf: »Dann bleibst eben du zu Hause! Du täuschst dich, wenn du glaubst, ich würde alles aufgeben und du lebst dein gewohntes Leben weiter!«

Ich schweige, und sie wird wieder mal dramatisch: »Wenn ich auch nur ein Jahr voll zu Hause bleibe, dann bin ich weg vom Fenster!«

»Weg von welchem Fenster?«, frage ich. »Spinnt ihr Frauen denn alle, dass ihr glaubt, es sei das Höchste der Gefühle, in einem Großbetrieb ein kleines Rädchen zu sein? Was findest du wichtiger: ein Ressort zu leiten, dass das beste Schnitzelrestaurant der Stadt erkürt, oder ein kleines, unschuldiges, reines, hilfloses Wesen zu umsorgen?«

»Du hast gut reden, du bist ein Mann«, schluchzt Schreiber.

»Weißt du was?«, antworte ich ohne Mitleid: »Dann bleibe eben ich zu Hause! Geh doch du das Geld verdienen! Schreib Kommentare über die Rocklänge der Saison, und ich sehe unser Kind groß werden!« Schreiber heult los.

War ja nicht so gemeint. Denn eigentlich will ich gar nicht zu Hause bleiben. Sonst bin ich als Freiberufler komplett weg vom Fenster.

Um diese Zeit schläft man – aber nicht in Amerika. Das ist der Grund, weshalb auch ich wach bin.

Schuld daran ist der Mieter über uns. Vor kurzem ist er aus New York hierher gezogen. Sein Heimweh ist grässlich. Jede Nacht unterhält er sich im Internet mit seinen Freunden in Übersee. Nun muss man wissen: Unser Nachbar ist groß und schwer, und wenn er in die Tasten haut, dann höre ich das trockene Geklapper bis zu uns herunter. Außerdem trinkt er riesige Mengen Flüssigkeit, denn alle halbe Stunde trampelt er auf die Toilette. Der Holzboden knarrt dann wie in einem Geisterhaus.

Dabei ist das Haus eigentlich nett. Als ich bei Schreiber einzog, fand ich ihre Wohnung sofort gemütlich. Balkönchen, Parkett und im Bad

Was rülpst denn da?

eine Füßchenbadewanne. Kurz: eine charmante Stadtwohnung in einem netten Quartier – mit nur einem Nachteil: hellhörig! Deshalb erzog mich Schreiber zum Gehen auf Zehenspitzen, denn die Mieterin unter uns belauscht jeden Schritt von uns und beschwert sich bei jeder Gelegenheit.

Ich will mir gerade vorstellen, wie bitter sie sich beklagen wird, wenn unser Kind nachts schreit, als ein neues Geräusch mich aus meinen Gedanken reißt. Unser Nachbar von oben pinkelt. Im Stehen. Es plätschert sehr lange. Dann rauscht die Spülung, das Spülwasser rauscht im Rohr bis in den Keller und irgendetwas rülpst ausgedehnt.

Ich denke nicht, dass ich mir das länger zumuten sollte. Und erst recht nicht meinem Kind!

ER

In meiner Wohnung wackelt der Boden. Das ist kein Erdbeben, das ist Schneider. Der Herr hat die Angewohnheit, seine Fersen in den alten Parkett zu rammen. »Bei deinem Getrampel weckst du nicht nur unsere Nachbarin auf, sondern auch unser Baby«, schimpfe ich. – »Wir haben noch kein Baby und es ist nachmittags um drei.«

Das kann ja heiter werden! »Wie wär's, wenn du deine Gangart ändern würdest?«, frage ich, obwohl ich weiß, dass das aussichtslos ist. Denn seit wir zusammenwohnen, hat er auch nicht gelernt, seine Autohefte im Wohnzimmer oder seine Schuhe im Gang wegzuräumen. Er unterbricht meine Gedanken: »Ich werde auf Zehenspitzen durch die Wohnung schleichen, wenn unser Baby schläft. Ausziehen wäre aber noch besser.«

»Wie bitte?«

»Die Wohnung ist kinderfeindlich«, sagt er.

»Ich liebe meine Wohnung!«

»Im Eingang kann man nicht einmal einen Kinderwagen hinstellen, in der Waschküche herrscht Krieg und im Hof steht eine verrostete Teppichstange.«

»Na und? Zürich ist teuer, und eine so günstige Wohnung finden wir in unserem Quartier nicht mehr.«

»Richtig. Deshalb ziehen wir aufs Land!«

Ich hab mich wohl verhört! Dieser Mann trägt Unterhemden, schaut Autorennen, stampft übers Parkett und jetzt will er auch noch aufs Land.

»Passen wir überhaupt zusammen?«, frage ich.

»Zu spät«, sagt mein Befruchter.

Familie Schneider pflegt einen dynamischen Umgangston. An Weihnachten zum Beispiel werden statt besinnlicher Lieder kitschige Schlager geschmettert.

Früh flügge sein

»Rote Lippen soll man küssen«, heißt es dann. Beim ersten Mal war ich irritiert und Schneider nahm mich freundlich in den Arm und sagte: »Das macht doch Spaß.«

Das sagt er seither an jedem Schneider-Treffen zu mir. Der Grund: Bei solchen Anlässen pflegen er und seine Brüder den Nachwuchs durch die Luft zu werfen. Das geht so: Einer schnappt sich den kleinsten Neffen, und der kreischt – aus Angst, wie mir scheint, aus Freude, behaupten Schneiders –, dann stellen sich die Männer in einen Kreis und hopp! fliegt der Knirps von Mann zu Mann. Ich finde, das ist die Höhe, und kriege kaum noch Luft. »Macht doch Spaß!«, ruft mein Mann mir fröhlich zu, während der kleine Fabio im Anflug ist. Ich streichle meinen Bauch und verspreche dem Baby, dass es von niemandem durch die Luft geworfen werden wird. Und schon gar nicht von seinem eigenen Vater!

»Warum so nachdenklich?«, fragt Schneider beim Nachtisch. – Ich steche in die Panna Cotta und frage: »Was ist dir wirklich wertvoll?« – »Wertvoll?«, will er wissen, »eine Sache, meinst du?« – Ich nicke. – »Also mein Computer zum Beispiel, den brauch ich echt.«

Mal sehen, wie Schneider reagiert, wenn ich seinen Rechner morgen ganz locker durchs Büro werfe.

Familie Schreiber pflegt einen sehr kultivierten Umgang mit Kindern. Da wird zuerst gefragt, ob man das Kind mal auf den Arm nehmen könne, bevor es sorgfältig aufgehoben, vorsichtig gehalten und dann einige Augenblicke abgewartet wird, ob sich das Kind dabei auch wirklich wohl fühlt. Beim geringsten Zweifel wird es wieder zurückgereicht.

Ich finde das sehr achtsam.

Meine liebste Fotografie von mir als Baby jedoch ist diese: Am unteren Bildrand des Schwarzweißbildes sieht man meinen Papa mit hoch gestreckten Armen, und ich schwebe am oberen Bildrand in der Luft. Schätzungsweise dreieinhalb Meter über dem Boden. Der große Rest ist Himmel. Und wenn man genau hinschaut, sieht man, dass ich strahle vor Glück.

Sobald wir auch heute bei unseren Familientreffen die Kinder im Kreis herumwerfen – wohlgemerkt, auf deren Bitten hin –, wendet sich Schreiber demonstrativ ab. Sie sieht immer nur, was passieren kann – ausgekugelte Schultern, innere Verletzungen, Schädelbrüche – und nie, was die Kinder und wir für eine Gaudi haben. »Du wirst unser Kind nicht durch die Luft werfen! Ich verbiete es dir!«, droht sie mir. Ihr Beschützerinstinkt wird langsam beängstigend.

Ich nicke, um nicht unnötig Krach zu bekommen. Sie ist nun mal viel zu wenig locker in diesen Dingen. Und ich hoffe, dass unser Kleines in dieser Beziehung nach mir schlägt und schon früh Flugstunden nehmen will.

E
R

Schreibers Papa feiert einen runden Geburtstag. Aus München, Berlin und Frankfurt ist die Verwandtschaft angereist. Treffpunkt ist Oberstaufen, wo Papa Schreiber mit seiner Mutter und seinen Geschwistern den Krieg fernab von Bombenabwürfen verbracht hatte.

Ich bin sicher, sie hatten damals nicht so reichlich zu futtern, wie es in diesem Gasthof der Fall ist. Der Kaiserschmarrn zum Nachtisch war einfach zu viel. Schreibers aus Bayern können nicht nur ganz schön oft essen, sondern jedes Mal auch ganz schön viel.

E
R

Ich ziehe mich aufs Zimmer zurück und leg mich flach. Vielleicht übertreibe ich mein Unwohlsein auch ein wenig, um mich vor dem Verdauungsspaziergang zu drücken. Denn erstens strengt es mich an, die ganze Zeit Hochdeutsch zu reden, und das auch noch in einem Affentempo. Zweitens bin ich den Themen dieser Großstädter nicht immer gewachsen. Munter mitreden könnte ich zum Beispiel auf Schweizerdeutsch über die Fruchtwassermenge meiner Liebsten oder über die Formel I oder, oder – aber die Nachfrage dafür ist sehr gering.

Ein Schmarrn zu viel

Übrigens liegt auch Schreiber neben mir und hält sich den Bauch. Sie hat vielleicht gefuttert, meine Güte! Im Kreis ihrer Familie scheint ihr Appetit noch größer zu sein. »Fühl mal«, sagt sie, nimmt meine Hand und legt sie auf ihren Bauch. In der Tat: Das rumpelt ganz schön. Wahrscheinlich der Schweinebraten!

Ich horche schon seit Tagen in mich hinein. Quer liegende Pupse, Blähungen, Organe auf der Suche nach mehr Platz? Oder ist es das Baby, das da rumort? Ich rede ihm gut zu und tätschle den Bauch: »He, hallo, gib mir doch ein Zeichen ... DA!« Ich halte den Atem an. Das war keine heiße Luft, nein, das war etwas anderes. Da! Schon wieder! »Spür mal!«, flüstere ich und nehme Schneiders Hand. Es fühlt sich an wie ein leichter Flügelschlag unter der Bauchdecke. Ich muss lachen, und Schneider scheint langsam zu kapieren, dass mit meiner Verdauung alles in Ordnung ist. »Wo?«, fragt er, als ich seine Hand auf meinen Bauch lege. Wir genießen den Augenblick und Schneider sucht weiter nach den ersten zarten Zeichen unseres Zwirbelchens.

Da hören wir Stimmengewirr und Stühlerücken auf der Terrasse. Meine Familie ist von ihrem Spaziergang zurück. Schneider ist wie ausgewechselt. Er springt auf und ruft: »Komm, wir gehen raus, die Sonne genießen!« Noch bevor ich in die Schuhe geschlüpft bin, ist er schon aus dem Zimmer.

Als ich auf die Terrasse trete, sehe ich Schneider mit stolzgeschwellter Brust erzählen: »Mir war sofort klar, dass das unser Kind sein muss. So viel Kraft, so viel Temperament. Ein echter Schneider.« – Ein echter Prahlhans, könnte ich jetzt sagen. Tu ich aber nicht, denn ausnahmsweise habe ich nichts dagegen, dass er maßlos übertreibt.

Ein netter Spaziergang. Wir sind seit drei Stunden unterwegs über Alpwiesen und durch lauschige Nadelwälder. Noch etwa eine halbe Stunde auf einem Feldweg, dann erreichen wir den Parkplatz, auf dem unsere Autos stehen.

»Nun, das gibt mit Sicherheit einen Kaiserschnitt. Schau nur mal, wie schmal ihr Becken ist«, sagt Schreibers Cousine, neben der ich gehe. »Oh!« Ich erschrecke. Sie doziert weiter: »Sicher kann man natürlich nicht sein, aber ich denke mal, das wird nicht reichen. Ist ja auch ein Problem heutzutage: Immer mehr Frauen bekommen das Kind per Kaiserschnitt, die natürliche Selektion wird damit ausgeschaltet, und irgendwann haben alle Frauen ein zu enges Becken, um natürlich zu gebären.« Sie ist Ärztin. Ich frage mich, warum sie mir das sagt. Will sie mich warnen? Will sie mir Angst machen?

Bergtour für Fortgeschrittene

E R

»Welche pränatalen Tests habt ihr denn gemacht?« Ich schlucke. Sie sagt: »Sybil ist ja nicht mehr die Jüngste. Zum Glück kann man heute fast alles frühzeitig abklären.« Als ich ihr dann auch noch sage, wo wir gebären, bleibt sie stehen: »WAS? Im Geburtshaus? Das würde ich nicht wagen. Krankenhäuser sind sicherer, ihr wisst ja gar nicht, was alles passieren kann! Außerdem können Frauen in der Klinik mit Periduralanästhesie schmerzlos gebären. Das sind doch Fortschritte!«, erklärt sie.

Für mich wäre es ein Fortschritt, wenn endlich der Parkplatz käme.

Die Bergtour ist happig. Weitaus anstrengender und länger, als wir dachten. Dummerweise haben wir viel zu wenig Proviant mitgenommen und oben im Gasthaus keine Pause eingelegt. »Wir sind ja dauernd am Essen«, haben die anderen gesagt, womit sie natürlich Recht hatten, und sind losmarschiert. Aber jetzt hätte ich nichts gegen einen warmen Apfelstrudel mit Vanillesauce einzuwenden. Stattdessen bietet mir Schneider den Rest vom letzten Müsliriegel an. Ich nehme ihn dankend an, während er sich wieder in das offenbar ernste Gespräch mit meiner Cousine vertieft. Da will ich nicht stören.

»Ich geh schon mal voraus«, sage ich, in der Hoffnung, im Auto noch mehr Essbares zu finden.

Etwas müde nehme ich die letzten Kilometer unter die Füße, genieße die Ruhe, atme tief ein. Frischer Sauerstoff für unser Baby. Mein Bauch ist hart. War wohl etwas viel heute.

Endlich erreiche ich unser Auto. Ich suche die Schlüssel. Mist. Schneider hat sie in seinem Rucksack. Ich spähe durch die Scheibe auf den Rücksitz. Genau: Dort liegt eine Packung getrockneter Apfelringe. Lecker! Ich drehe mich um und sehe Schneider in der Ferne mit meiner Cousine reden.

»HALLLOOO!«, rufe ich. Schneider schaut auf, winkt und spurtet los. Was ist denn mit dem los? Als er außer Atem bei mir ankommt, umarmt er mich stürmisch und gibt mir einen Kuss.

Muss ein sehr inspirierendes Gespräch gewesen sein.

Zum Abschluss unseres Familientreffens fahren wir in meine Heimatstadt München. Ich freue mich riesig, denn endlich werde ich wieder mal mit meiner Mutter auf Einkaufstour gehen. Das haben wir seit meinen Teenager-Jahren nicht mehr gemacht. Damals war ich

Im Einkaufs-Paradies

schwer pubertierend und eine Zumutung für meine Mutter. Jetzt, da ich schwanger bin, fühle ich mich ihr viel näher.

Wir beginnen unseren Bummel in Schwabing. Herrlich! Im Kaufhaus stehe ich seit einer halben Stunde in der Umkleidekabine und meine Mama schleppt Ware an. Himbeerrote Leinenhose, grüne Strickjacke, lange Bluse, orangefarbener, knielanger Rock. Immer noch nicht wirklich mein Geschmack, diese Umstandsmode, aber meiner Mutter zuliebe schlüpfe ich in die diversen Teile. Meist ist sie ganz begeistert: »Sieht prima aus!« – »Mami, das ist nicht dein Ernst?!« – Sie strahlt: »Doch, glaub mir, das sieht toll aus!«

Mir wird auf einmal klar, dass wir uns modisch auseinander gelebt haben. Als ich erschöpft aus der Kabine komme, die Arme voller bunter Kleider, sagt meine Mutter heiter: »Die rote Leinenhose gefällt mir am besten, nun fehlt mir nur noch ein gemütlicher Pulli.« – »Mir? Sag mal, für wen gehen wir eigentlich einkaufen?«, will ich wissen. – Sie lächelt: »Na für uns beide: Dein jetziger Umfang entspricht in etwa meinem. Wenn das Baby erst mal da ist, übernehme ich die Sachen!«

Ich spaziere durch den Englischen Garten. Es herrscht Prachtwetter, und die halbe Stadt flaniert. Schreiber nicht. Sie ist mit ihrer Mutter einkaufen gegangen. Schön. Auch ich bin, zumindest in Gedanken, häufiger bei meinen Eltern. Ich versuche mir vorzustellen, wie sie mich als Baby herumtrugen, wickelten, herzten – und dann kam schon das nächste, als ich noch keine elfeinhalb Monate alt war. Wie haben die das bloß geschafft? Ich erinnere mich noch gut daran, als meine Mutter mit dem Jüngsten von uns vieren schwanger war. Wie jeden Morgen kuschelten wir drei Brüder uns in ihr Bett, und wie jeden Morgen stand sie auf, ging ins Bad und kotzte.

Arme Mama!

Wie war ich wohl als Baby? Ich muss meine Mutter fragen. Auf den Fotos sehe ich süß aus, habe große Augen und viele Haare. Ich glaube, ich war ein nettes Baby. Und nun hoffe ich, dass wir auch so einen süßen Pimpf bekommen.

Ah, tief einatmen. Ein schöner, ein wunderschöner Park. Herrliche Sonne. Tolle Bäume. Ich spaziere beschwingt am Eisbach entlang. Schiele ein wenig nach links und schaue mir die Nackten aus den Augenwinkeln an. Ist ein wenig wie im Paradies hier. Und passend dazu kommt mir da vorn ein bunter Vogel entgegen, der giftgrün und orange leuchtet. Zum Piepen! Also, manchmal haben gewisse Leute schon einen seltsamen Geschmack ...

ER

Schreiber steht mit beiden Füßen auf dem Boden. Sie liest keine Bücher über Engel, keine Bücher über Erziehung, keine Bücher über Buddhismus – zur Enttäuschung ihrer Mutter, die Buddhistin ist, und zum Erstaunen ihres Vaters, der Chirurg und sehr belesen ist. Schreiber schaut sich stattdessen Promi-Illustrierte an.

Sie schmökert also kein einziges Mal in dem Schwangerschaftsratgeber, den ich uns gekauft habe. »Frauen werden seit Hunderttausenden von Jahren schwanger und haben unendlich viele Erfahrungen gemacht, die sie dir weitergeben können«, merke ich an. Sie ist gerade in ein Interview mit Victoria Beckham vertieft. »Mann, ist die doof«, mosert Schreiber. Da haben wir's! Ärgert sich lieber über Schicksen, als einen Blick in mein gescheites Buch zu werfen.

Na, dann tu ich es eben. Es ist doch enorm interessant, dass sich das Ungeborene in der fünften Woche zum ersten Mal bewegt, dass es am 37. Tag eine Nasenspitze bekommt, im vierten Monat

Pipi im Bauch

Wärme produziert und 1 °C wärmer als die Mama ist? Mal sehen: Wir stehen jetzt in der 20. Woche. Aha, das Kleine kann am Daumen nuckeln und, ach, wie süß: »Du, Liebste, das Kleine hat heute zum ersten Mal in deinen Bauch gepieselt.« – »Was?«

»Na, das Kleine beginnt jetzt Pipi zu machen. Lustig, nicht wahr?«, sage ich und denke, mit einem Blick auf die Illustrierte: Passt doch perfekt, denn Schreiber lässt sich ja gern mit Brunz berieseln.

Auf dem Klo liegt ein dickes Schwangerschaftsbuch. Schneider hat es eines Tages mitgebracht. »Das ist von einer Hebamme«, sagte er. »Habe mich beraten lassen: Hier drin ist alles ganz genau beschrieben. Sehr kritisch und engagiert übrigens!« Schneider erzählte weiter, dass die Verkäuferin ganz begeistert war von ihm, weil in ihrer Abteilung sonst nur Frauen einkaufen. Braver Schneider! Kaum zu glauben, aber ich habe einen emanzipierten Mann!

Bloß habe ich nun nicht mehr viel von ihm. Denn er liest. Pausenlos. Nicht nur auf dem Klo. Auch auf dem Sofa. Und im Bett. »Das ist so was von spannend«, sagt er immer wieder und erklärt mir: »Wusstest du, dass sich am 42. Tag die Tränengänge an den Augen entwickeln?«

Wusste ich nicht. Wie auch. Ich komme ja nicht zum Lesen. Schneider studiert seine Lektüre mit wissenschaftlichem Ernst, er streicht mit dem Leuchtstift ganze Kapitel an (»Das Umfeld im zweiten Trimenon der Schwangerschaft«), klebt kleine rosa Zettelchen an die Seitenränder (»Leinsamen gegen Verstopfung«) und erzählt mir bei jeder Gelegenheit von SEINEM fulminanten Wissensstand. Wozu soll ich also lesen, wenn mir Schneider alles selber erklären will?

Da geht es mir wie meiner Mutter, als ihr ein Vertreter an der Tür mal ein 12-bändiges Lexikon andrehen wollte. Sie seufzte nur: »Danke, brauch ich nicht. Ich bin mit einem Lexikon verheiratet.«

Männer herrschen, Männer kämpfen, Männer kriegen. Von daher gesehen wünsche ich mir ein Mädchen. Aber: Ich habe supersüße Neffen und einen wunderbaren, kleinen Bruder, der heute einen Kopf größer ist als ich. Ich höre in mich hinein und bekomme keine Antwort. »Mit einem Ultraschall wäre unsere Diskussion beendet«, sage ich.

Er, sie oder es?

Schneider reißt die Augen auf. »War nur ein Witz«, beruhige ich ihn. Wir haben uns längst darauf geeinigt, dass wir es nicht wissen wollen.

»Es wird ein Mädchen«, sagt Schneider, als ich den Namen Oskar ins Spiel bringe. Seit sein Vater eine Enkelin angekündigt hat, ist er fixiert. Ein Grund mehr, für einen Buben Partei zu ergreifen. Ich stelle mir einen kleinen, frechen Michel aus Löneberga vor! »Wie findest du Michel?«, frage ich meinen Liebsten. – »Die Schweizer sprechen das ›Mischäll‹ aus«, klärt mich Schneider auf, womit ich den Namen wieder streiche.

Aber ich bleibe dran: »Ihr seid vier Jungs, du hast fünf Neffen und nur eine Nichte. Stell dich also auf einen kleinen Schneider ein«, erkläre ich. »Bei euch dominieren die männlichen Gene. Das ist klar.«

»Klara? Was hältst du davon?«, fragt er. – Ich muss lachen: »Du meinst wohl Karl. Ja, warum nicht?« – Schneider sagt: »Was immer auch kommt, der zweite Vorname muss Maria sein!«

Karl Maria? Passt doch prima.

Schreiber geht wieder mal zu ihrer Frauenärztin, um einen Ultraschall zu machen. Bei dieser Gelegenheit, so Schreiber, könne man übrigens ziemlich sicher feststellen, ob es ein Junge oder ein Mädchen wird.

Mein Papa hat es freilich schon vorausgesagt. Es wird ein Mädchen. Gut, da steckt ehrlich gesagt auch verzweifeltes Wunschdenken drin, denn im Normalfall pflanzt sich unsere Familie über Männer fort. Deshalb habe ich auch drei Brüder. Da mein Papa so gern ein Mädchen wollte, unternahm er nach mir, dem Ältesten, der schon weiblich hätte sein sollen, einen zweiten, dritten, vierten Versuch. Beim fünften winkte meine Mutter ab: »Es reicht.«

Und meine drei Brüder schafften bislang – mit einer einzigen Ausnahme – auch keine Mädchen.

Von meiner Mutter weiß ich, dass mein Papa trotzdem jedes Mal ganz glücklich gewesen ist, einen weiteren Jungen bekommen zu haben. Nun hofft er eben, dass seine Söhne die Sehnsucht nach einer kleinen Schneiderin stillen. Und in unserem Fall stehen die Chancen gut: Die alte Russin im Quartier hat den Test mit Schreiber bereits gemacht: »Hochhäben«, befahl sie und hielt ihr die flache Hand hin, darauf ausgebreitet ein Taschentuch. Schreiber fasste dieses mit zwei Fingern an der Ecke und hob es hoch. »Äs gibt ein Mätchän!«, sagte die Alte und ergänzte: »Buben gibt äs dann, wenn man das Taschentuch in därr Mitte anfasst.«

Na also!

Der Frühsommer dauerte nur kurz. Es regnet Bindfäden. Also nehme ich das Buch zur Hand, das mir meine Schwiegermutter zugeschickt hat, nachdem sie von unserer Schwangerschaft erfahren hatte. Der Titel lautet »Nestwärme«, und geschrieben hat es ein Herr Dröscher, ist aber schon eine Weile her.

Ich blättere ein wenig drin. Als es um die Bienen geht, bleibe ich hängen. Schreiber liebt Honig über alles und spricht über Bienen wie von Feen – aber was diese Feen mit den Männchen anstellen, ist ja nackter Wahnsinn! Nach dem Hochzeitsflug sind die Drohnen nichts weiter als Schädlinge, die ausgemerzt werden müssen. Die Arbeiterinnen nagen an den Befruchtern, und wenn diese nicht sofort den Bau verlassen und in die tödliche Freiheit fliegen, zerren sie jeden einzelnen im Bienenstock umher. Am Flugloch stürzen die Männchen dann mit zerfetzten Flügeln und ausgerissenen Beinen auf den Erdboden, wo sie qualvoll während Stunden jämmerlich zugrunde gehen.

ER

Die Spinnen sind nicht besser.

Tierisches

Familienleben

Die Weibchen fressen den normalerweise viel kleineren Vater ihrer Jungen auf. Genau gleich die Gottesanbeterinnen. Die bedauernswerten Papas dienen nicht als Ernährer, sondern als Nahrung.

Schreiber tritt in die Stube: »Wie siehst du denn aus? Liest du einen Horrorschinken?«, lacht sie.

Ich sage: »Mütter sind brutal.«

Schneider wedelt mit seinem Buch: »Seepferdchen-Frauen schlingen ihren Schwanz um das Männchen, legen ihre Eier in seine Bauchtasche und verduften danach, um das nächste Männchen zu vergewaltigen. Die Brutpflege machen die Väter mutterseelenallein!« Er holt Luft. »Oder Meergrundeln: Wenn die Bruthöhlen fertig sind, geht der Papa rein, um die Eier zu besamen. Blitzschnell verrammelt die Mama den Eingang. Vier Tage bleibt der Vater eingesperrt, ohne Essen, und muss die ganze Zeit die Eier bewachen, während sie sich draußen satt frisst. Toll, he? Nach zwei Ruhetagen wird der Papa in die nächste Höhle gesperrt.« Schneider macht eine Kunstpause, bevor er zum Schluss kommt: »Väter haben's schwer!«

Später werfe ich kurz einen Blick in das Buch. Aha! Der Goldregenpfeifer-Mann zum Beispiel kapiert gar nichts. Wenn ein Fuchs in der Nähe des Nestes herumstreunt, stellt sich Mama Goldregenpfeifer lahm, taumelt hin und her, sodass der Fuchs glaubt, eine einfache Beute vor sich zu haben. In Tat und Wahrheit lenkt Mama Regenpfeifer den Fuchs vom Nest ab und rettet so ihr Gelege. Und der Papa? Der verfällt beim Anblick seiner schwankenden Frau in die totale sexuelle Erregung. Dauernd wirft er sich auf das Weibchen, um sich zu paaren. Womit der Fuchs zum doppelten Schmaus kommt, weil Papa im Sexrausch ist. Mann, können Väter deppert sein!

»Das ist Mario«, sagt der Physiotherapeut der städtischen Schule für Körper- und Mehrfachbehinderte. Ich notiere: »Mario, liegt auf brauner Wolldecke.« Der Physio fährt fort: »Wir heben die Decke in die Höhe und bewegen sie. So spürt sich Mario anders und macht neue Erfahrungen.« Ich notiere. Und schlucke. Der Auftrag des Stadtanzeigers für eine Reportage über die städtischen Behindertenschulen ist happig. Als wir wieder auf dem Gang stehen, frage ich den Therapeuten: »Wie weit kann man den Kindern hier etwas beibringen?« Er sagt: »Was wir hier tun, verhindert, dass sich ihre Fähigkeiten noch mehr zurückbilden. Da machen wir uns keine Illusionen.«

Keine Illusionen

Nächste Frage: »Und die Eltern?« – »Sind heillos überfordert. Die Kinder hier sind derart schwer behindert, dass sie nie integriert werden können. Wenn sie mit 16 aus unserer Schule kommen, müssen die Eltern für sie Heimplätze finden.«

Ich bin erschüttert. »Was ist mit diesen Kindern denn passiert?« »Badeunfälle. Unterversorgung des Gehirns mit Sauerstoff. Sauerstoffmangel bei der Geburt. Oder in der Schwangerschaft ist irgendetwas schief gelaufen. So wie bei Mario.«

E
R
Als ich mich in meiner kleinen Arbeitsecke an den Computer setze und die Geschichte schreibe, merke ich, wie die Angst in mir hochkriecht. Ich bin immer davon ausgegangen, dass wir ein gesundes Kind bekommen.

Bin ich auch bereit für einen kleinen Mario?

Mein Liebster ist abgetaucht. Er geht nicht ans Handy und ruft mich nicht an. So ist er, wenn er schreibt. Dabei habe ich solche Sehnsucht. Ich sitze vorm Computer und sorge mich: Zurzeit habe ich jede Nacht furchtbare Träume von wilden Fratzen, verkrüppelten Körpern. Sie machen mir Angst. Ob das Kleine gesund ist?

Ob ich mich sicherer fühlen würde, wenn wir pränatale Tests gemacht hätten? Nein, ich glaube nicht. »Es gibt keine Garantie für ein gesundes, glückliches Leben. Nicht jetzt und nicht später«, sagte ich Schneider zu Beginn meiner Schwangerschaft. »Wozu sollen wir also wissen, ob das Baby behindert ist oder nicht?« Er war meiner Meinung: »Wenigstens ein paar Monate lang soll dieses kleine Wesen in aller Ruhe gedeihen können.« Seit damals haben wir nicht mehr darüber geredet.

Aber ich denke täglich daran. Die Ungewissheit ist geblieben. Sobald das Kleine in meinem Bauch ein paar Stunden still liegt, werde ich nervös und klopfe an: »He, du! Rühr dich bitte und zeige mir, dass es dir gut geht.« Wenn ich Schmerzen habe, rechne ich sofort nach, ob das Kleine überlebensfähig wäre. Meine Mutter sagte mir mal bei einem Telefongespräch: »Mit einem Baby werden auch die Sorgen geboren.«

Geboren habe ich bisher nur Sorgen. Ich versuche es noch mal: »Liebster, jetzt heb doch endlich mal ab und beruhige mich.«

Wir stehen im Supermarkt vor der Gemüseabteilung. Plötzlich geht neben uns eine Sirene los: Ein erstaunlich kleines Kind plärrt erstaunlich laut los, wirft sich auf den Boden und windet sich. Daneben steht eine Frau, vermutlich die Mutter. Sie hat keinerlei Einfluss auf die Lautstärke oder das Verhalten des Kindes und wendet sich wieder den Karotten zu, die sie mit scharfem Auge mustert und in den Einkaufswagen legt.

Ich bin froh, dass ich nichts mit diesem Kind am Boden zu tun habe und finde, die Mutter ist hoffnungslos überfordert. Gleichzeitig denke ich: Unsere Elternrolle rückt näher, und wir haben keinerlei Ausbildung dafür erhalten.

Kinder machen Krach

Wenn das Kleine am Boden – jetzt ist es zu den Holzkisten voller Kartoffeln gekrochen – zum Beispiel unser Kind sein sollte: Was mache ich dann? Karotten einpacken? Das Kind aus dem Supermarkt zerren? Ihm mit einem Schokoriegel den Mund stopfen? Ich brauche Rat: »Schreiber, was machen wir, wenn das Kleine in der Öffentlichkeit brüllt und uns alle Leute anstarren?«

»Wir starren zurück«, antwortet sie.

»Das ist doch nicht dein Ernst! Es wird dir peinlich sein.«

»Ne. Dir etwa?«

Ich schweige. Natürlich wird es mir peinlich sein, und wie!

Das Kleine schiebt sich in meine Richtung. Auch das noch! Ich hoffe bloß, dass wir ein anständiges, ruhiges und pflegeleichtes Wesen bekommen.

Am besten eines mit einem An/Aus-Schalter.

Ich wuchs zu einer Zeit auf, als antiautoritäre Erziehung angesagt war. Das war toll!

Meine Geschwister und ich durften unsere Zimmerwände mit Fingerfarben bemalen, ohne Ärger zu bekommen. Wir haben den Sandkasten vom Garten in die Wohnung befördert, weil wir dort den Sand viel säuberlicher sieben konnten. Unsere Mutter hatte nichts dagegen und kehrte danach tagelang Dreck aus dem Wohnzimmer. Ohne zu schimpfen! Mit unserem Vater legten wir in der Diele eine Rennstrecke für unseren Gokart an: Die Esszimmerstühle waren unsere Leitplanken, und die Sofakissen unsere Prellböcke im Ziel. Wir fuhren wie die Wilden und unser Papa stoppte die Zeit.

Mein Bruder und ich experimentierten mit dem Chemiekasten und sprengten dabei fast das Kinderzimmer in die Luft. Dass der Teppich danach voller Brandspuren war, fanden unsere Eltern zwar nicht klasse. Aber dass wir mit der Schutzbrille gearbeitet haben, fanden sie echt gut.

Wir hatten eine glückliche Kindheit.

Allerdings zweifle ich daran, die Nerven meiner Eltern geerbt zu haben. Denn als wir kürzlich Besuch hatten und zwei kleine Jungs unsere CDs zu einem Turm stapelten, eine Menge Spaß dabei hatten und die Eltern zu meinem maßlosen Ärger einfach nur wegsahen, wurde mir klar: Ich werde eine strenge Mutter.

Dafür hat unser Kind ja dann tolerante Großeltern.

S
I
E

Ich telefoniere wieder mal mit meiner Mutter. Seit ich schwanger bin, hat sich unsere Beziehung verändert.

»Mama, ich wollte dir schon lange mal sagen, dass ich froh bin, dass es mich gibt!« – Sie lacht verhalten: »Schön von dir. Aber weißt du, ein Kind ist eine große Verantwortung. Ich mache mir seit Tagen Gedanken: Habt ihr denn genügend Geld für eine Familie? Steven hat sich doch eben erst selbstständig gemacht. Und wie seid ihr versichert? Stell dir vor, es passiert etwas und du stehst mit dem Baby alleine da!«

»Das will ich mir nicht vorstellen.«

»Und bereitest du dich gut auf die Geburt vor? Du solltest Schwangerschafts-Yoga machen. Da lernst du das Atmen, das wird dir Ruhe geben.«

»Ich bin doch ruhig.«

»Hach, ich bin ganz aufgeregt. Also wenn es dann losgeht, dann musst du mich sofort anrufen. Dann steige ich in den Zug und komme zu dir. Wenn dir das nicht zu viel ist, natürlich. Am liebsten wäre ich ja bei der Geburt dabei ...«

»MAMA!«

Mütter am Draht

»Keine Angst! Noch was ganz anderes: Du wirst doch hoffentlich nicht in dieser hektischen Redaktion weiterarbeiten, wenn das Baby da ist! Bleib daheim, das ist besser für dich und das Kind!«

»Wie bitte? Früher warst du in der Frauenbewegung und hast mit Alice Schwarzer für die Emanzipation gekämpft! Und jetzt soll ich zu Hause bleiben?«

Seit ich schwanger bin, hat sich meine Mutter sehr verändert.

»Will sie noch immer das Kleine weggeben?«

»Mama, sie will es nicht weggeben, sondern in die Krippe tun. Dort gibt es ausgebildete Kleinkind-Erzieherinnen!«

»Die ersetzen keine Mutter!«

»Mama, willst du es nicht uns überlassen, das zu entscheiden?«

»Natürlich, das müsst ihr wissen. Ich finde bloß ...«

»Ich weiß, Mama, du willst mir sagen, dass ein Kind das erste Jahr voll und ganz seine Mutter braucht. Aber die Zeiten haben sich geändert. Heute haben wir alles in allem viel mehr Zeit für die Kinder, weil wir nicht mehr so viel arbeiten müssen wie ihr damals.«

»Und die Zeit vergeht wie im Fluge mit einem Kind. Was ihr verpasst, ist für immer verloren!«

»MAMA!«

»Wie kann man das Kind einfach weggeben!«

»Ich habe es dir schon tausend Mal gesagt: Erstens wissen wir noch nicht, was wir machen, und zweitens wären das höchstens ein paar Stunden in der Woche!«

»Drei Tage, hat Sybil gesagt!«

»Mama. Ich erinnere dich daran, dass es unser Kind ist. Wir entscheiden, wie wir unsere familiären Angelegenheiten regeln. Klar?«

»Du musst nicht laut werden. Ich will euch nur helfen.«

»Mama, ist gut. Wir brauchen deine Hilfe besser, wenn das Kleine da ist.«

»Sie wird sich schon für das Kind entscheiden. Das spüre ich.«

»Dann spür doch bitte auch, dass ich kein Kind mehr bin. Ciao!«

Das Telefongespräch mit meiner Mutter wirkt nach. Wenn ich ehrlich bin, dann schwindet bei mir mit jedem Zentimeter zusätzlichem Bauchumfang meine Karrierelust. Design langweilt mich auf einmal, und im angesagten Spitzenrestaurant der Stadt habe ich mit meiner Wampe sowieso keinen Platz mehr. Viel lieber schmökere ich in Kinderbüchern und lerne Verse: »Himpelchen und Pimpelchen stiegen auf einen Berg ...«

Karriere ade

Ich verändere mich. Thea versucht zwar weiterhin, mir Angst zu machen, aber erfolglos. Im Gegenteil: Ich reagiere fast trotzig auf ihre Untergangstheorie. Soll doch SIE Ressortleiterin werden, ICH werde Mama! Schneider hatte Recht, als er mal sagte, dass wir Frauen das Größte im Leben schaffen können: Leben. Und das möchte ich nicht verpassen, bloß um Designer mit Glatze zu porträtieren oder Wiener Schnitzel zu testen.

Mein neues Leben wird anders: Ich werde nach dem Schwangerschaftsurlaub kündigen, ein Jahr Pause machen, unser Kind hüten und danach ein wenig als freischaffende Journalistin arbeiten.

Und damit unser Baby merkt, dass es auch einen Papa hat, bleibt Schneider ebenfalls ein halbes Jahr daheim. So können wir in aller Ruhe eine Familie werden. In anderen Ländern ist es doch längst üblich, dass Männer Kinderurlaub bekommen. Mein Liebster denkt ja zum Glück fortschrittlich. Wir werden vom Ersparten leben und viel Zeit füreinander haben!

Schneider wird ausflippen vor Freude!

Toni klaubt ein Streichholz aus der Schachtel. Noch bevor er es anstreicht, doziert er: »Ein Kind kostet mindestens 300.000 Franken, bis es zwanzig ist. Wie viele Kinder wollt ihr? Kannst dir selber ausrechnen, wie viel du verdienen musst. Und wenn du dann auch noch eine teure Frau hast, na dann gute Nacht.«

Er hält das Streichholz ans zusammengeknüllte Papier. Schnell lodert das Feuer auf und frisst sich in die aufgeschichtete Hölzchenpyramide. Ich schaue zu und sage: »Schreiber war immer nur Angestellte. Sie weiß nicht, woher das Geld kommt. Glaubt, dass ich nur regelmäßig am Computer sitzen müsse, damit Ende des Monats Geld auf dem Konto ist. Will jetzt auf einmal ganz zu Hause bleiben. Will, dass auch ich ganz zu Hause bleibe. Macht mich sauer.« – Toni starrt in die Flammen. »Typisch Frauen, habe ich schon immer gesagt: Sie wollen emanzipierte Männer, die viel Zeit haben, die viel Geld verdienen, die total verständnisvoll und so richtig männlich sind.« – »So wie ich«, sage ich und lache. Toni knurrt: »Du steigst jetzt in ein Hamsterrad rein, wirst schon sehen. Das dreht sich immer schneller, und du kommst da nicht mehr raus. Aber du hast es ja selbst so gewollt. Denk dran, ich habe dich gewarnt!«

Hat er. Aber es muss ja auch irgendwie was vorwärts gehen im Leben. Er hat wohl einfach Angst. Vielleicht auch Angst, mich an die Familie zu verlieren.

Da geht es ihm, ehrlich gesagt, wie mir.

E
R

Gefedertes Modell,

liegt in den Kurven
optimal –

ein Kinderwagen
auf dem Nürburgring ...

Wir verwandeln unser Büro in ein Kinderzimmer. Meine alte Kommode muss Schneider zum Wickeltisch umfunktionieren und die Kinderwiege kommt neben den Schreibtisch. Im Bettchen liegt ein Schaf und wenn man an der Kordel zieht, singt es »La-Le-Lu«. Das einzige, was noch fehlt, ist unser Baby.

Und ein Kinderwagen. Dreirad, Vierrad, Schalensitz, Sonnendach? »Liebster«, sag ich, »wir gehen in ein Fachgeschäft und lassen uns beraten.«

Die Verkäuferin sieht aus, als hätte sie bereits eine ganze Fußballmannschaft zur

Die Familienkutsche

Welt gebracht. Rund und abgeklärt. »Soll es für ausgiebige Landpartien sein oder sind Sie eher sportlich veranlagt? Dieses gefederte Modell hier ist optimal für den Sonntagsspaziergang auf einem Feldweg. Die Räder sind groß, und die Liegefläche ist zusätzlich gefedert.« Damit das Kleine auf holprigen Straßen nicht kotzen muss. Kostet einen knappen Tausender und wiegt schwer: Alleine bringe ich diese Luxus-Karosse nicht in unser Treppenhaus.

Dafür gibt's etwas leichtere Dreiräder. »Sind zurzeit total in! Moderne Eltern mögen das«, sagt die Verkäuferin und lächelt uns an. Ach! Allerdings, ergänzt sie, sei das Vorderrad starr. Wenn man also eine Kurve machen will, stemmt man sich auf den Griff und hievt den Wagen samt Nachwuchs in die gewünschte Richtung. »Tja, das ist der Nachteil«, erklärt sie, »viele Frauen bekommen davon Sehnenscheiden-Entzündungen.«

Ein Tragetuch bitte!

Nie Parkplätze in der Stadt, also fahren wir mit der Trambahn zum Kinder-Secondhand-Laden. Schreiber will zum Tragetuch nämlich nun doch noch einen Wagen. »So haben wir etwas Abwechslung und schonen unsere Rücken«, argumentierte sie.

Kaum im Laden, entdeckt ihn meine Schwangere sofort. »Das ist er und kein anderer.« Das Teil hat bestimmt nie einen Designpreis gewonnen, aber dafür wahrscheinlich schon zehn Kinder durch die Gegend gerollt. Der ehemals dunkelblaue, jetzt von der Sonne ausgebleichte Stoff war nie modern, aber zeitlos. Praktisch, wie meine Liebste nun mal denkt, hat sie blitzschnell die Vorteile dieses Modells erkannt: Mit nur zwei Handgriffen wird der Kinderwagen zum Buggy. Außerdem schaut einen das Kind an — ein wichtiges Kriterium für Schreiber: »Ich will das Baby doch nicht von mir wegschieben!«

Ich habe nichts gegen diese Familienkutsche. Im Gegenteil. Vor allem gefällt mir der Preis: Ein schlapper Hunderter! Mit den paar Zehnern, die Schreiber noch heraushandelt, leiste ich mir zur Feier unseres Kaufes in der benachbarten Weinhandlung eine schöne Flasche Burgunder, die ich für den sicheren Transport in den Wagen lege.

Zufrieden steigen wir in die Trambahn. Eine ältere Dame nähert sich uns, strahlt und sagt, sich in den Wagen beugend: »Ich gratuliere! Wem sieht das Kleine wohl ähnlich?«

ER

Wir waren wieder bei der Kontrolle. Als die Hebamme mit dem Hörrohr die Herztöne von unserem Nachwuchs prüfte, war Schneider nicht mehr zu halten. »Ich will auch mal!«, sagte er, horchte lange hin – und hörte nichts. Die Hebamme beruhigte ihn, dass das eben gar nicht so einfach sei, unser Kind aber wohlauf ist.

»Das muss doch zu hören sein!«, beschließt Schneider am anderen Morgen. Ich liege noch verschlafen im Bett, da schlägt er die Decke zur Seite, tapst mit seinen Fingern auf meinem Bauch herum und holt sich eine leere Klopapierrolle. »Psst!«, er legt sein Ohr an die Kartonrolle. Ich halte die Luft an. Dann muss ich husten! »PSSST!«, schimpft Schneider, »da war gerade was.«

Es dauert. Ich müsste mal und außerdem habe ich Lust auf Frühstück. Aber Schneider gibt nicht auf: »Jetzt warte doch. Ich will den Herzschlag finden.« Er wird ungeduldig. Ich auch und das Kleine ebenfalls. Es zappelt. »Siehst du, es bewegt sich, das ist doch die Hauptsache«, sage ich und träume von einem Glas frisch gepressten Orangensaft.

Alle mal herhören!

Auf meiner Haut zeichnen sich weiße Ringe ab, denn Schneider drückt die Rolle ziemlich saftig gegen meinen Bauch. Hat wohl das Gefühl, mit mehr Druck käme er dem Herzchen näher.

Ein Spiegelei wäre auch fein.

»Da! Ich höre es!«, ruft Schneider, »FANTASTISCH, wie das poltert!«

Ich würde es eher knurren nennen.

Zeige- und Ringfinger sind meine Beine, und ich steige auf. Schreiber hat einen stattlichen Bauch. »Was machst du da?«, fragt sie. »Eine Bergtour, siehst du doch.« Sie schüttelt den Kopf. Plötzlich knickt mein Ringfinger ein, meine Hand strauchelt, verliert den Halt und stürzt ungebremst auf die Matratze.

Neues Spiel. Ich hole eine Klopapierrolle. »Na, Frau Schreiber, dann woll'n wir mal, nicht wahr? Wo hat der kleine Racker wohl seinen Kopf?« Sie streicht mit der Hand über den unteren Teil des Bauches. »Hier ist es hart – ich denke, das könnte der Popo sein«, sagt sie. Ich drücke die Kartonrolle dagegen und halte mein Ohr dran. Hm, der Hintern hier, dann könnte der Kopf ... nein, Fehlanzeige. Vielleicht etwas mehr nach links? »Liebste, leg dich ein wenig mehr auf die rechte Seite, bitte.« Ich wandere mit meinem Hörverstärker über die Flanke. »JA! Hier klopft's!«

Das muss das Herz sein. Meine Güte, wie das rast! Sicher 120, mindestens!

Aus Spiel wird Ernst: Das ist doch nicht normal!

»Wo ist das Schwangerschaftsbuch? Und wo die Nummer vom Geburtshaus? Oder gleich den Notarzt anrufen?« – »Können wir jetzt frühstücken?«, fragt Schreiber.

Ich sprinte ans Büchergestell. Im Schwangerschaftsbuch lese ich, dass ein Puls von 120 völlig in Ordnung ist. Dafür rast jetzt mein Herz. »Ruf den Notarzt doch trotzdem an«, ruft Schreiber: »Für dich selbst!«

Bin sehr gespannt, wie der Kurs wird, zu dem wir uns angemeldet haben. Als ich meinen Freundinnen – allesamt erfahrene Mütter – davon erzählte, wurde ich belächelt: »Geburtsvorbereitung ist überflüssig. Vergiss das mit dem Hecheln und Schnaufen, am Schluss kommt sowieso alles anders.« Auch mein Liebster hat seine Sprüche abbekommen: »Was, du willst allen Ernstes mit anderen Paaren um die Wette atmen? Und Bäuche streicheln und Oooh singen?« Aber Schneider blieb standhaft. Vorbildlich!

Welle aus Aaah und Oooh

Es geht los: Wir beginnen mit einer Entspannungsübung, stehen auf den Zehenspitzen und schütteln unsere Arme. »Jetzt laut ausatmen«, sagt die Hebamme und macht »Hooo«. Ich geniere mich, Schneider lässt deutlich ein »Aaah« fahren, hat aber Mühe mit der Balance und kippt zur Seite. Er lächelt selig – aber nicht mich, sondern die Kursleiterin an.

SIE

»Die Hebamme bringt dich wohl aus dem Gleichgewicht«, flüstere ich lachend. Dann klopfen wir uns gegenseitig den Rücken, um die Meridiane oder sonst was zu aktivieren. Ich weiß nicht so recht, was das soll, aber mein Liebster legt sich ins Zeug. »He, nicht so fest«, sage ich, als er mir kraftvoll auf die Schulter haut. Will wohl Eindruck schinden, der Gute. »Du bist ja der geborene Kursteilnehmer«, spotte ich. Ob er auch der geborene Geburtshelfer ist, bezweifle ich im Moment allerdings. Viel zu eifrig ist er – und viel zu hingerissen von der Hebamme.

Die Hebamme, die uns an sechs Abenden auf die Geburt vorbereiten wird, ist hübsch. Meine Freude währt freilich nur kurz. Sie kommt nämlich gleich zur Sache und presst eine babygroße Stoffpuppe durch das verdammt enge Loch im weiblichen Becken aus Kunststoff. Sie kommentiert: »Sooo, zuerst das Köpfchen, dann die eine Schulter, dann die andere«, während sie die Puppe zusammenknautscht.

Mein Mund ist trocken. Die anderen Männer schweigen. Die Frauen aber bleiben ungerührt und stellen Fragen. Ich bin dankbar, Mann zu sein. Jedes Wesen hat so seine Aufgaben. Frauen gebären, Männer beschützen.

Genau. Wir beschützen! Tiefe Liebe erfüllt mich auf einmal Schreiber gegenüber. Und darüber hinaus, wenn ich die Hebamme sehe und die anderen Erstgebärenden im Raum. Ein starkes Gefühl der Solidarität erfasst mich, und ich verbünde mich im Geist mit allen Vätern und Müttern dieser Welt. Die bevorstehende Geburt macht aus mir einen Gutmenschen, der jedes Wesen bedingungslos liebt.

Eine Fragerunde holt mich auf den Boden zurück. Jedes Paar gibt seinen errechneten Geburtstermin an. Freulers haben exakt den gleichen wie wir. »Was für ein Zufall!«, sagt die hübsche Hebamme und lächelt: »Zum Glück haben wir neben dem großen Gebärzimmer noch ein kleines.« Sie scherzt: »Wer zuerst kommt, wählt aus.«

Mir ist nicht zum Lachen. Und ich beschließe: Wir nehmen das Große. Solidarität hin oder her.

E
R

Ich blicke ins Lagerfeuer und versuche, mir eine Paula vorzustellen. Paula mal leise, Paula mal laut, Paula mal streng, Paula mal lieb. Hm. Vielleicht Paulette? In der Schweiz machen sie Poulet draus, Brathühnchen. Geht also nicht. Vielleicht Pola? Paola? Paulina?

Als meine Mutter mit mir schwanger war, sah sie einen englischen Krimi, in dem ein kleiner Junge namens Steven die Hauptrolle spielte. Vielleicht sollte ich mehr fernsehen?

»Toni, sag mal, wie viele Kanäle empfängt dein Fernseher?

Toni schmeißt ein abgenagtes Hühnerbein über die Schulter in die Rosen. »98. Warum?«

Im Namen der

Verwandtschaft

Etwas viele. Das Problem ist: Schreiber ist ziemlich fixiert. Diskutieren würde sie allenfalls noch über Namen wie Nick und Pina, Alma, Wilma oder Selma. Pina? Pina Colada? Soll meine Tochter heißen wie ein Drink? Und Wilma! So heißt doch die Frau von Comicfigur Fred Feuerstein. Und wer kennt hier schon Alma und Selma?

Ich suche nach einem Muster in Schreibers Vorschlägen. Genau! Das A! A wie Anna. A wie Annamaria. Zufälligerweise der Name meine Mutter. Zudem: Meine Großmütter hießen Anna und Maria. Toll. Mit Annamaria decke ich gleich die halbe Ahnengalerie ab. Ich werde Schreibers Vorliebe für das A als Hauptargument für meine Kampagne für vernünftige Namen einsetzen. Und wer A sagt, muss auch B sagen. B wie Bruno.

So heißt mein Papa.

Schneider will seine gesamte Verwandtschaft im Namen unseres Kindes verewigen. Guido? Sagt man Giehdo oder Güdo? Doch Schneider bleibt dran: »Oder was hältst du von Severin? So hieß mein anderer Großvater.« – Klingt wie eine Käsesorte. Und wie schreibt man das überhaupt?

Nein, ein Name soll kurz und bündig sein. So kurz und bündig, dass man ihn nicht abkürzen kann. Ich wurde von pubertierenden Mitschülerinnen Billy genannt und fand das saudoof. Auch Sybille hat mir nie gefallen. Doch danach fragen andere Kinder ja nicht. Deshalb: Mein Kind bekommt einen Namen, der nicht verhunzt werden kann!

Wie zum Beispiel Paul oder Paula. Das ist es. Noch dazu klingen sie in jeder Sprache gut. Was wichtig ist, falls unser Kind international Karriere machen sollte und zum Beispiel Hollywood erobert: »The Oscar goes to: Paula Schreiber.« Hört sich doch gut an!

Schneider interessiert sich nicht für die Karriere seines Sprösslings. Er will seine Vorfahren glücklich machen, Gott hab sie selig. Mich macht er dabei nur sauer. Wir müssen unbedingt noch mal über die Bücher gehen. »Namen aus aller Welt«, heißt das Werk. Wir liegen im Bett und schreiben geeignete Vornamen auf eine Karte. Jene, die uns besonders gut gefallen, bekommen Sternchen. Meine sind rot, Schneiders blau.

Betrachte ich das Resultat, sehe ich aber vor allem schwarz!

S
I
E

Zweiter Kursabend: Ich lehne im Schneidersitz an der Wand, mein Bauch ruht wie eine Melone zwischen meinen Beinen, Schneider liegt auf der Matte. Trotz seines Namens kann er keinen Schneidersitz. »Habe zu lange Fußball gespielt, das hat die Muskeln verkürzt«, erklärt er jedes Mal. Wir haben es trotzdem gemütlich und ich glaube, dass wir uns hier im Geburtshaus ganz zu Hause fühlen werden. Das tröstet mich. Denn je näher der Berg rückt, umso ferner scheint mir der Gipfel.

Wenn ich an die Geburt denke, wird mir bang. Immer diese Fragen: Ob ich das schaffe? Wie sind die Schmerzen? Ob das Zwirbelchen alles übersteht? Wenn ich in der Stadt unterwegs bin und all die Menschen sehe, beruhige ich mich jeweils ein wenig. Schließlich sind all diese Leute auch einmal aus den Bäuchen ihrer Mütter gekrochen.

Die Hebamme fragt: »Wer von euch wird Windeln wechseln?« – Allgemeines Schmunzeln. Sie reicht uns eine Liste. Schneider schnappt

Wer wechselt die Windeln?

sie sich gleich. Oha! Das Thema scheint ihn zu interessieren. Sie fährt fort: »Ihr notiert, wie ihr euch die Aufgabenverteilung vorstellt. Wer wechselt die Windeln? Wer geht einkaufen? Und so weiter: waschen, aufräumen, kochen. Steht alles drauf.«

Nun, mir ist alles klar! Wickeln: halbe-halbe. Waschen: Schneider. Aufräumen: Schneider. Kochen: ich. Einkaufen: ich.

Ich schiele rüber auf Schneiders Liste. Was sehe ich denn da? »Wickeln: Schreiber!« Na warte, mein Lieber!

Die Einstimmungsübungen sind etwas gewöhnungs-
bedürftig: Wir sollen Töne aus unserem Kopf befreien.
Wie stellen die sich das vor? Ich glaube kaum, dass
jemand Spaß hätte am aufheulenden Motorenlärm
eines Formel-1-Autos und halte den Mund.

Ansonsten lassen sie sich einiges einfallen für die Geburtsvorbereitung. Diese Arbeitsliste, die im Augenblick jeder vor sich hat und ausfüllen muss, ist nämlich ganz schön originell. So wird Schreiber nämlich
auch gleich feststellen können, dass ich ihr nicht Tag
und Nacht zur Verfügung stehen kann. Sie wird sehen,
dass ich tagsüber arbeiten muss. Und folglich nachts
auch genügend schlafen sollte.

Schreiber zeigt mir die Resultate ihrer Überlegungen.
Mit einem Blick stelle ich fest: Die Dreckarbeit über-
lässt sie mir. Putzen, Aufräumen, Wickeln. Wenn ich
mir das so ansehe, dann rackere ich Tag und Nacht.

Ich flüstere: »Sag mal, wie stellst du dir das eigentlich
vor? Ich schufte den ganzen Tag für Geld, und dann,
kaum bin ich zu Hause, schufte ich einfach weiter bis
zum nächsten Morgen?«

»In Nepal darf die frisch gebackene Mutter drei Monate nichts anderes machen, als ihr Kind stillen und es
streicheln«, antwortet Schreiber schnippisch.

»Na, dann fahr doch nach Nepal«, zische ich.

»Nein, muss ich nicht«, sagt Schreiber und lächelt.
»Ich habe ja dich.«

Dann fahr

Schreiber hat wieder Nestbautrieb. Jedes Mal werden die Auswirkungen bemerkenswerter. Gestern Abend hat sie nach der Arbeit die Fenster geputzt – ein Ereignis, das nur auf andere Umstände zurückzuführen ist.

Leise rieselt

der Staub

»Mein Papa kommt leider nicht mehr vor der Geburt bei uns vorbei, sonst könnte er ...«, seufzt Schreiber, um mich anzuspornen. Ich soll ein Mobile aufhängen, Wärmestrahler an die Wand montieren und eine Kinderlampe installieren. Die Erwähnung von »Papa« ist jedes Mal ein Stich. Ihr Vater, ein handwerkliches Genie und nebenbei Chirurg im Ruhestand, operiert nämlich täglich weiter. Keine Menschen mehr, aber Dinge, die er auf dem Wertstoffhof findet: kaputte Bohrmaschinen, Thermoskrüge, Spielzeug oder Stühle macht er wieder ganz. Seine Tochter bewundert ihn dafür.

Und ich? Bin handwerklich nur mittelmäßig begabt und unter Druck. Immerhin ist der Wickeltisch unterdessen fertig: habe einfach ein Brett auf ihre Kommode geschraubt. Sehr praktisch. Ich bin sogar richtig stolz, was ich Schreiber aber nie gestehen würde. Denn sie, die den besten aller Handwerker in ihrer Familie weiß, ist nichts anderes als tolle Eigenkonstruktionen gewohnt.

Doch ich gehe davon aus, dass das meiste vor allem eine Frage der Zeit und nicht nur des Könnens ist. Wenn es also keine Frühgeburt geben sollte, dann hängt auch das Mobile rechtzeitig an der Decke.

Da mir mein Liebster verboten hat, mit meinem dicken Bauch und der Bohrmaschine auf der Haushaltsleiter herumzuturnen, muss eben er ran.

Ich gebe klare Anweisungen: »Das Mobile kommt über die Kinderwiege, die Lampe zum Wickeltisch. Aber das machen wir später.« Ich bin ganz hingerissen von dem Mobile, das ich am Nachmittag bei einer kurzen Flucht aus dem Büro erstanden habe: Marienkäfer, Schmetterlinge, Bienen und Sonnenblumen tanzen im Kreis. Wie niedlich! Und wie ich mich freue!

Schneider hingegen hat schlechte Laune. Wie so oft, wenn er soll, was ich will. »Musst mir nicht alles erklären«, mosert er, als ich ihm den Bohrer passend zur Dübeldicke reiche. »Weiß ich selbst!«, sagt er und startet die Maschine. Es quietscht, es knirscht, es bröselt. Schneider flucht. Und ich zweifle am Erfolg unseres Vorhabens. »Ist doch nicht meine Schuld, wenn hier alles so alt und brüchig ist«, sagt Schneider und ich starre auf das walnussgroße Loch in der Decke.

Nach etwas angerührtem Gips, Putzfäden als Stopfmaterial, einer runden weißen Plastikabdeckung und alles in allem einer Dreiviertelstunde hängt das Mobile.

»Na, so ein Mann im Haus ist doch nicht schlecht«, sagt mein Liebster stolz und bringt die Bienen in Schwung.

Kommt drauf an, welcher Mann für was! Für die Wärmelampe lasse ich auf jeden Fall meinen Vater aus München einfliegen.

Heute ist der dritte Kursabend. Wir machen es uns auf Kissen bequem und das Licht wird gelöscht. Unsere hübsche Kursleiterin kündigt einen Dokumentarfilm über gebärende Frauen in einem österreichischen Geburtshaus an.

Schon nach wenigen Minuten ist mir klar: Österreicher sind schonungslos. Ich blicke aus nächster Nähe ins verzerrte Gesicht einer Gebärenden, die von einer Wehe geschüttelt wird. Sie schreit, und die Hebamme dreht den Ton leiser. In der nächsten halben Stunde sehe ich auf der Leinwand ziemlich viele schmerzverzerrte Züge und ich höre beängstigende Urlaute, die durch Mark und Bein gehen.

Als der Film zu Ende ist, beschweren sich die Frauen und Schreiber am heftigsten. Das sei wohl das allerletzte gewesen, sagt sie, das hätte jetzt gerade noch gefehlt, und bitter schnaubt sie: »Da will man ja bloß noch unter Vollnarkose gebären.«

Unsere Hebamme bleibt vollkommen ungerührt. »Sicher, ihr werdet unvorstellbare Schmerzen haben«, sagt sie. »Aber ihr werdet sie aushalten. Und wenn das Kind da ist, habt ihr jeden Schmerz vergessen.«

Nabelschnur als

Beißring

Wie sie das weiß, souverän!

Ich bin sehr beeindruckt von dieser jungen Frau. Und welch toller Beruf: Hebamme. Respekt, so eine weiß sehr viel vom wahren Leben. Sollte meine buddhistische Schwiegermutter damit Recht haben, dass wir alle wiedergeboren werden, dann will ich als Hebamme zurückkommen.

Bleibe aber kinderlos!

Der Streifen ist ein Schock. Eine Narkose gegen die Schmerzen ist eine gute Idee, durchfährt es mich. Aber hier im Geburtshaus gibt's nur homöopathische Kügelchen. Ich fühle mich unsicher. Schneider will mich beruhigen: »Es kommt, wie es kommen muss«, sagt er.

Die Hebamme erzählt, dass die Geburt nach der Geburt noch gar nicht zu Ende ist. Na prima! Sie fährt fort: »Da kommt dann eine weitere Wehe, die den Mutterkuchen austreibt. Apropos Mutterkuchen: Ihr müsst ihn mitnehmen. Wir dürfen ihn nicht in den Müll werfen, und jedes Mal zur Kadaversammelstelle zu fahren, ist ein zu großer Aufwand für uns. Aber wir frieren die Plazenta natürlich für euch ein, kein Problem.« Sie sei ein paar Pfund schwer und etwa so groß wie eine Grapefruit. »In anderen Kulturen wird sie in der Erde vergraben«, erzählt die Hebamme. »Manche pflanzen dort einen Baum. Ein schönes Ritual.«

Ich denke an unseren schmalen Balkon und meinen Basilikum im Topf.

Sie redet weiter: »Wenn ihr wollt, könnt ihr auch ein Stück der Nabelschnur mitnehmen. Man kann sie trocknen und zu einem Heilpulver reiben oder als Beißring beim Zahnen verwenden.«

»Klingt wie im Schlachthaus. Gebären ist ganz schön deftig«, sage ich. »Manchmal wünsche ich mir, ich könnte die Sache rückgängig machen«, flüstere ich Schneider zu. Er ist etwas blass und tätschelt meine Hand: »Es kommt, wie es kommen muss.«

Allmählich kann ich diesen Satz nicht mehr hören!

Der Satz der Hebamme klingt noch immer in meinen Ohren: »Eine Geburt ist, als würde die Frau einen Achttausender bezwingen.« Woher sollte meine Liebste auf einmal den K2 raufmarschieren können? Und wie finde ich das, wenn sie körperlich das Dreifache von mir zu leisten vermag? Wo sie doch nicht einmal fünf Minuten joggen kann?

Expedition

auf den K2

Während die zukünftigen Bergsteigerinnen, wie immer nach dem Kurs, noch ein Glas Orangensaft trinken, frage ich unsere Hebamme: »Du kennst doch diese Filme, in denen die Frau zu Hause plötzlich ein Kind bekommt. Wieso sagt die Hebamme zum Mann immer das Gleiche, nämlich: ›Gehen Sie in die Küche, setzen Sie heißes Wasser auf und besorgen Sie saubere Leintücher!?‹« Unsere Kursleiterin schenkt mir ein bezauberndes Lächeln: »Vermutlich schickt sie den Mann weg, damit er bei der Geburt nicht im Weg steht oder in Ohnmacht fällt.« – »In Ohnmacht fällt?«, frage ich. Sie lächelt weiter: »Männer sollten sich das gut überlegen, ob sie sich eine Geburt zumuten wollen.« Aha. Ich dachte, dass sei für einen modernen Mann selbstverständlich.

Sie fährt fort: »In Indien löst man das Problem so: Dort bewacht der werdende Vater den Eingang zur Hütte, damit keine bösen Geister die Geburt stören. Auf diese Weise ist er aus dem Weg, glaubt aber dennoch, sehr wichtig zu sein.«

Ach! Sollte ich mich in Zukunft vielleicht weniger wichtig nehmen?

Beim Wandern mag ich's gerne gemächlich. Ich schaue mir die Gegend an und genieße die Ruhe. Riskante Kletterpartien meide ich. Und Gipfel zu bezwingen ist sowieso nicht mein Ding. Wenn also Gebären eine Himalaya-Expedition ist, dann ohne mich! Ich werde im Basislager vor mich hin pressen und die wilden Winde oben auf dem K2 nur aus der Ferne mitbekommen.

»Die Motivation ist wichtig«, höre ich die Hebamme sagen. »Da spielen auch die Männer eine erhebliche Rolle. Sie können euch ermuntern und Mut machen und euch zeigen, dass sie an euch glauben.«

»Glaubst du an mich?«, frage ich später. – Schneider schluckt. »Aber klar! Ich liebe dich doch.« – »Das meine ich nicht. Glaubst du an meine Kraft für die Geburt?«

Ich denke an unseren Ausflug vom letzten Wochenende und weiß, dass Schneider nicht an mich glaubt. Hat ja auch keinen Grund dazu: Wir sind zum See spaziert, nach einer halben Stunde war ich fix und alle. Dann haben wir den Tag sitzend in einem Café zu Ende gebracht. War zwar schön, aber keine sportliche Spitzenleistung.

»Hallo! Glaubst du an mich?«

»Ooch, klar!«, sagt Schneider.

Meine Laune sinkt: »Du musst mich motivieren, ist dir das klar? Alleine schaff ich das nicht, ich bin keine Ausdauer-Sportlerin.« Schneider seufzt und nimmt mich in den Arm. Ich seufze auch: »Ich würde lieber auf eine Kreuzfahrt mit der Queen Elizabeth 2 als auf den K2!«

Die Abende waren auch schon wärmer. Mich fröstelt, und ich sage: »Wir haben ganz schön Holz verfeuert diesen Sommer, findest du nicht?« Toni legt nach. Es war ein schöner Sommer, denke ich wehmütig. Mein letzter in Freiheit. Nun weiß ich noch viel genauer, was ich als Vater verlieren werde, und ich habe noch immer keine genaue Ahnung, was ich gewinnen kann.

»Und?« Toni schaut mich an. »Wie läuft's mit der Schwangerschaft?« – »Alles tipptopp bei ihr«, antworte ich. »Aber ich habe ein Problem.« Er lacht: »Zu dicken Bauch? Wasser in den Beinen?« – »Nein. Bin mir nicht ganz sicher, ob ich die Geburt erleben will.« Toni stochert mit einem Stock im Feuer und sagt: »Ich habe gehört, dass ein Mann impotent werden kann, wenn er bei der Geburt zusieht.« Er lacht: »Wenn ihr eh nur ein Kind wollt, dann muss dich das ja nicht kümmern.«

Gebären ist

Frauensache

»Sehr witzig. Du weißt, dass ich mich auf das Kleine freue. Woher hast du das mit der Impotenz?«, frage ich.

»Na, das hört man so. Informierst du dich eigentlich gar nicht?«

»Das höre ich jedenfalls zum ersten Mal«, sage ich.

»Ich habe es schon ein paar Mal gehört. Jedenfalls finde ich, dass das kein schlechterer Vater ist, der bei der Geburt nicht dabei sein will.«

Ehrlich gesagt, ich kann diese Meinung teilen. Habe ich doch schon lange gesagt: Gebären ist Frauensache!

Mein Liebster kehrt geknickt von seinem Männerabend zurück. Nach einer Weile rückt er mit der Sprache raus. »Vielleicht klappe ich bei der Geburt einfach zusammen!«, sagt er und schaut ganz traurig. Mein kleiner Held. Hat immer stolz von seinen Nachtmärschen im Militär erzählt, von seiner Reportage in Sarajevo, als die Heckenschützen wüteten, von seinem Sprint, als ihm in der Wüste Omans wilde Hunde auf den Fersen waren.

Jetzt sieht er meinen Bauch und bekommt Bammel. Mein Held – das war einmal.

Mir war gar nicht bewusst, dass ihm das unheimlich sein könnte. Was mir aber klar wird, ist, dass ich auf keinen Fall Druck machen darf. Darauf reagiert Schneider wie ein Luftballon – er platzt. Wir bekämen Krach und ich womöglich das Baby ohne ihn. Kommt aber überhaupt nicht in Frage! Schneider muss mit, ob er will oder nicht! »Ich versteh, dass das Angst machen kann«, sage ich sanft. »Aber es wäre schön, dieses größte Erlebnis in meinem Leben mit dir teilen zu können. Wenn du dir das wirklich nicht zutraust, dann frage ich Manu. Sie hat mir bei ihrem Hausfest gesagt, dass sie sehr gerne mal bei einer Geburt mit dabei wäre. Sie hätte bestimmt große Freude, unser Baby zu empfangen. Und Erfahrung hat sie auch.«

Schneider runzelt die Stirn. Dann sagt er: »Ich muss das in aller Ruhe mit mir selbst abmachen.«

Einverstanden. Ruhe kann er haben. Aber noch höchstens vier Wochen!

Ins Kino kann sich Schreiber nicht mehr gut setzen, es ist ihr zu eng mit ihrem Bauch. Also habe ich vorgeschlagen, ins Thermalbad zu fahren. Habe mir sogar vorgestellt, dass ihr das besonders Spaß machen würde, jetzt, wo sie so dick ist. Sie meinte: »Ich kann aber nur kurz drinbleiben, der Kreislauf, weißt du.« Wie sie meint! Ich jedenfalls freue mich aufs warme Wasser und werde es in aller Ruhe genießen.

Der Lack ist ab

Ich lasse mich von der künstlichen Strömung treiben und schwimme durch den Dampf. Manchmal frage ich mich, ob es im Mutterbauch auch so ist: warm, leicht, zeitlos.

Vor mir taucht ein breiter Rücken aus dem Wasser auf, ein kleines Kind schmiegt sich an seine Schultern. Wie Papa Wal und Baby Wal. Meine Güte, ist das Kind süß! Ganz viele dunkle Haare, ein Schmollmündchen und so blaue Augen! Sicherlich ein Mädchen. Sie schaut her. Ich lächle. Mit ihrem Händchen greift sie sich ans Ohr, dann lächelt auch sie.

Was für ein Zauber!

Ich tauche ins Wasser ein. Blase die Luft aus meinen Lungen und sinke langsam auf den weiß gekachelten Boden. Ich werde Vater! Wie freue ich mich darauf, mit unserem Baby baden zu gehen! Ich bekomme vor lauter Glück Herzklopfen. Da sehe ich Schreibers Beine vor mir, ihre unendlich langen, schönen Beine und die dunkelbraun lackierten Zehennägel. Meine Liebste! Mit einem kräftigen Armzug schwimme ich hin und küsse ihre Knie.

Oh! Wie atemberaubend ...

ER

»Also SIE!!!!« Die Frau neben mir paddelt mit den Händen im Wasser und schimpft laut los. Da ich ohne Brille bade, sehe ich nicht genau, wen sie meint.

Ich lasse mich treiben. Es ist herrlich, mal wieder leicht zu sein. Im Wasser zu gebären, stelle ich mir toll vor, viel toller als auf den K2 zu kraxeln! Wenn alles gut geht, möchte ich mein Baby im Pool zur Welt bringen. Es ist mir so nah, das Kleine!

Aus den Wogen taucht mein Liebster auf. Er japst nach Luft, scheint sich verschluckt zu haben, der Ärmste. »Es war eine super Idee von dir, hierher zu fahren«, sage ich. Er schüttelt sich und fragt: »Du trägst doch braunen Nagellack, oder?«

So ein Mist, es ist ihm also tatsächlich aufgefallen: Meine Füße, die ich selber kaum noch zu Gesicht bekomme, müssten dringend wieder mal gepflegt werden. Der rote Lack ist fast ab, die Hornhaut nicht und von den Haaren an den Beinen ganz zu schweigen. Ich hatte gehofft, er würde mich nicht so genau anschauen. Schwups, taucht er wieder ab. Mein kleiner Walfisch! Hoffentlich macht er unter Wasser die Augen zu, ich möchte ihm den Anblick auf meine verwahrlosten Zehennägel ersparen. Er schwimmt unter Wasser zügig von dannen, ist völlig in seinem Element.

»Entschuldigung, kennen Sie den Herrn?«, fragt mich eine Frau neben mir. – »Warum?« – »Passen Sie auf, er beißt einem in die Knie!«

Wir fahren mit der Trambahn zum vierten Geburts-vorbereitungs-Abend. Meine Liebste hat in den letzten Tagen gar nichts mehr dazu gesagt, ob ich nun bei der Geburt dabei sein soll.

ER

Dafür habe ich etwas zu sagen: »Weißt du, was Zwergohreulen sind?«, frage ich. Sie lacht: »So blond bin ich nun auch wieder nicht.«

»An denen hat die Tierforschung den Vatertrieb entdeckt. Den gibt es wirklich!«, fahre ich fort.

»Hast wohl wieder im Buch von meiner Mutter gelesen?«

Pfau statt Eule

»Genau! Hör mal zu: Zuerst ist das Männchen ein netter Partner, der ab und zu nach dem brütenden Weibchen schaut. Doch plötzlich mutiert er zum absolut aufopferungsfanatischen Papa! Wissenschaftler haben beobachtet, wie der Zwergohreulenmann zwei Tage vor Geburtstermin im strömenden Regen an der Bruthöhle anklopft und sich auf die Eier setzt. Da hört er auf einmal das leise Trillern der Ungeschlüpften. Das elektrisiert ihn derart, dass er sofort jagen geht. Mit 80 Futterlieferungen pro Nacht verdoppelt er seine bisherige Leistung. Einfach so, nur weil er das Piepsen gehört hat! Zudem legt er große Vorräte an: Heuschrecken, Käfer, Regenwürmer, Nachtfalter, Vögelchen und Mäuse. Faszinierend, nicht wahr?«

Schreiber schaut mich in der Tat ganz fasziniert an. »Vorräte? In Ordnung. Ab sofort kannst du Schokolade in jeder Geschmacksrichtung kaufen.«

Wir sitzen im Kreis am Boden, und unsere Hebamme bringt das Gespräch auf die Rolle des Mannes während der Geburt. Die zukünftigen Väter werden nach ihren Vorstellungen gefragt.

Es fallen Sätze wie: »Ich will ihr Kraft geben.« – »Das wird uns noch mehr zusammenschweißen.« – »Ich habe Angst davor, meine Frau leiden zu sehen.«

Dann ist meiner dran. Er meint: »Ich habe mir in den letzten Tagen viele Gedanken gemacht ...« – will ich hoffen! »... und war mir plötzlich nicht mehr sicher, ob ich wirklich dabei sein will. Ist eigentlich Frauensache ...«

Wehe!

»...und man darf es ja fast nicht laut sagen, dass ich unsicher bin, ob ich das erleben will ...« Die Männer im Raum schauen einander an. »... Irgendwie steht man unter Druck, es gehört doch zum guten Ton, dabei zu sein ...«

Ich höre ein »stimmt schon« aus der Ecke und halte die Luft an.

»... Aber ich stelle mich der Geburt und sage Ja!«

Uff!

Die Hebamme lächelt: »Du bist sehr ehrlich. Und es zeigt, dass du bereit bist.«

Bereit? Tagelang lässt er mich zappeln und jetzt ist ER bereit. Mister Superpapa! Bekommt wahrscheinlich die Goldmedaille von unseren Kursteilnehmern verliehen für seine Aufrichtigkeit. Ha! Er plustert sich auf, genießt den Erfolg, steht im Mittelpunkt. Schneider eine Zwergohreule? Nein: ein Pfau!

Kleine Wunschzettel

können Wunder wirken ...

Mein Bauch wächst. Wenn ich mich nachts umdrehen will, wäre ein Gabelstapler praktisch. Schneider aber ist kein Gabelstapler und schläft tief. Ich stütze mich ab und rolle meinen Bauch auf die andere Seite. Kissen drunter schieben, seufzen und weiterschlafen.

Geht aber nicht.

Ich muss schon wieder aufs Klo. Obschon ich abends mittlerweile ganz wenig trinke. Aber es nützt nichts, die Blase macht trotzdem Druck. Ich wälze mich aus dem Bett, tapse ins Bad, setze mich müde auf die Schüssel und kehre wieder zurück. Mein Liebster? Schläft.

Das nervt. Er nimmt überhaupt keinen Anteil an meinen nächtlichen Aktionen. Kein Trost, keine Aufmunterung. Dabei wäre das sehr nett, wenn er mir mal in der Früh einen Tee ans Bett bringen oder eine Badewanne für mich einlassen würde. Aber Fehlanzeige. Auch von Blumen oder meinen Lieblingspralinen weit und breit keine Spur. Schneider bewundert meinen Bauch. Damit hat sich's.

Auf Händen tragen

Ich kann nicht einschlafen. Das Baby ist wach und tanzt Samba in mir drinnen. Wenigstens jemand mit guter Laune. »Hallo, kleiner Zwirbel«, flüstere ich. Schneider blinzelt, ächzt und stöhnt: »Mach das Licht aus!«, dreht sich zur Seite und pennt weiter.

Es reicht! Ich stehe auf, schreibe einen Zettel und verstecke ihn in seinem Portemonnaie: »Sonnenblumen. Lavendel-Bad. Nutella. Pediküre. Für die Frau hinter dem Bauch!«

Gemeinsam im Bett liegen finde ich grundsätzlich schön. Wir spielen dem Baby die Spieluhr mit der Melodie von »La-Le-Lu« vor, streicheln zärtlich den Bauch und fragen uns, was wohl für ein Wesen zu uns kommt.

Gemeinsam schlafen hingegen kann mir gestohlen bleiben. Erstens geht Schreiber nachts andauernd aufs Klo. Das verstehe ich ja noch, denn das Baby drückt auf ihre Blase. Aber sie ist komplett rücksichtslos: Ächzend wälzt sie sich aus dem Bett und macht – völlig unnötig – das Licht im Flur an. Obwohl sie ganz genau weiß, dass ich nur bei absoluter Dunkelheit schlafen kann. Wenn sie zurückkehrt, liegt demonstrativ mein Kissen über meinem Kopf, was sie aber ignoriert. Hat sie dann eine längere Phase ohne Blasendruck, wechselt sie stöhnend wie ein Elefant, der sich auf die Seite fallen lässt, ihre Lage. Das Bett knarzt und wackelt unter ihrem Gewicht.

Ich denke immer häufiger daran, mir im Wohnzimmer das Gästebett herzurichten. Schließlich stehe ich am Morgen früh auf und sollte ausgeruht meine Arbeit beginnen. Aber ich will meine Liebste nicht vor den Kopf stoßen, denn normalerweise zieht einer von uns nur im Streit ins andere Bett. Und Streit haben wir nicht. Zumindest noch nicht.

Bloß: Wie sage ich es ihr? Vielleicht mit einem Blumenstrauß! Darin ein Zettelchen: »Liebste: Damit du ab sofort besser schlafen kannst, lege ich mich ins Gästebett.«

Fünfter Kursabend: »Wenn euch Hilfe angeboten wird
– nehmt sie an!«, appelliert die Hebamme. »Lasst euch
Essen bringen statt Spielzeug schenken, lasst euch die
Wäsche waschen, wenn das jemand tun will. Vergesst
nie, und ich kann es nicht oft genug wiederholen: Das
Wochenbett ist anstrengender als die Geburt!«
Wir stecken mitten im fünften Geburtsvorbereitungs-
Abend. Langsam wird's ernst, der große Tag rückt immer näher. Ich frage mich, welche Hebamme Dienst
haben wird, wenn wir dran sind – vielleicht unsere
schöne Kursleiterin? Ich schäme mich kurz. Da werde
ich Papa und denke an hübsche Hebammen. Wird
Zeit, dass die Schwangerschaft endet.
Ich melde mich zu Wort: »Ist das nicht ein wenig über-
trieben, was du da sagst? Ich kann mir nur schwer vorstellen, dass ein 50 Zentimeter langes Wesen, das den
Großteil des Tages schläft, einem so viel Mühe machen
kann. Vor allem, wenn man zu zweit daheim ist.«
Schreiber wirft mir einen bösen Blick zu. Die Hebamme aber lächelt bezau-

Brot statt Bärchen

bernd. »Warte es ab. Ich kann
aus Erfahrung nur sagen: In
den ersten Wochen braucht man viel mehr Unterstüt-
zung als während der Geburt. Wenn uns die Leute
nur glauben würden! Es wäre nämlich viel klüger, wenn
wir Wochenbettkurse erteilen würden anstelle von
Geburtsvorbereitungskursen.« Keine schlechte Idee.
Sollte sie es sein, die diesen Kurs leitet – ich würde mir
die Teilnahme glatt überlegen.

Die Männer in der Runde werden gefragt, wie lange sie nach der Geburt freinehmen und zu Hause bleiben können. Der Computerfachmann antwortet als Erster: »Zwei Wochen, mehr geht leider nicht.« Der Nächste, angestellt bei einer großen Versicherung, hat zum Erstaunen aller acht Wochen unbezahlten Urlaub heraushandeln können. Seine Frau lächelt selig und ist stolz. Nun ist meiner dran: »Als Freiberufler bin ich privilegiert«, beginnt er. »Ich werde die ersten drei Monate kaum arbeiten. Denn der Start als Familie ist doch unheimlich wichtig.«

SUPER! Dass er sich sooo lange Zeit nehmen würde, wusste ich nicht. Er hatte immer gesagt, dass er weniger Aufträge annehmen wird. Aber drei Monate Pause ...!

»Du bist eine Wucht«, sage ich meinem Liebsten nach dem Kurs. »Damit hast du mich echt überrascht!« Schneider legt die Stirn in Runzeln: »Also, immer ganz zu Hause sein, geht wahrscheinlich nicht. Gerade heute hat der Stadtanzeiger angerufen, sie planen eine Beilage über Kinder in Zürich. Ein spannendes Thema, das reizt mich sehr. Ich habe natürlich gesagt, dass ich Baby-Urlaub mache und nur wenig Zeit habe.«

Wenn Schneider nur wenig Zeit für seine Arbeit hat, dann heißt das: sieben statt elf Stunden im Büro schuften; nach dem Abendessen am Computer sitzen; wortkarg sein und nachts schnarchen.

Warum habe ich keinen Versicherungstypen als Mann?

S
I
E

Zu Beginn der Schwangerschaft konnte Schreiber mich nicht riechen. Glücklicherweise veränderte sich ihr Hormonhaushalt nach einer Weile wieder zu meinen Gunsten. Einige Wochen lang hatten wir ein richtig gutes Sexleben. Schreiber hatte Energie, Ideen, Lust. Toll!

Diese Zeiten sind längst vorbei. Je dicker der Bauch, desto geringer die Lust. Nicht nur bei ihr, sondern auch bei mir. Der herausgestülpte Nabel, die blauen Adern über der zum Zerreißen gespannten Bauchhaut, die schweren Brüste, das Wasser in den Beinen – gut, das sehe ich nicht, aber Schreiber hat mir gesagt, dass sie das hätte – sind nicht eben eroti-

Sex mit Bauch

sierend. Und die Unterhosen, die sie mittlerweile trägt, breite, hautfarbene Zelte, lassen mich weniger von zärtlichen Schäferstündchen träumen als von wahnsinniger Enge in ihrem Unterleib, in dem sich Organe und Kindchen den Platz wegnehmen. Was soll ich mich noch dazwischen drängeln?

E R

Was Schreiber viel lieber hätte, sind unverfängliche Streicheleinheiten. Ist ja nett, aber nicht wirklich befriedigend. Mich plagt das schlechte Gewissen, denn ich will mehr. Sogar bei einer Fußmassage denke ich an Sex. Bin ich ein Lüstling? Unersättlich? Nicht ganz normal? Am besten lasse ich die Finger von ihr. »Liebst du mich nicht mehr?«, fragte sie mich vor kurzem vor dem Einschlafen.

Gott, ist das alles kompliziert!

Mein Busen quillt über. Mein Bauch ist hart. Meine Beine sind voll Wasser. Ich habe in einer Illustrierten gelesen, dass Schwangere häufig sehr viel Lust auf Sex hätten.

Von mir ist da wohl nicht die Rede. Sensibel reagiere ich nur auf Schneiders Bemerkungen über meine Figur. Und von Lust? Keine Spur. Es gefällt mir, wenn mir mein Liebster den Rücken einölt oder meine Füße massiert, was er dank einigen unübersehbaren Hinweisen tatsächlich wieder mal gemacht hat. Mehr brauch ich nicht.

Doch so langsam mache ich mir ein bisschen Sorgen, denn wir haben seit Wochen nicht mehr miteinander geschlafen und ich glaube kaum, dass ich nach der Geburt plötzlich wieder mehr Lust haben werde. Es kann also noch dauern. »Schneider«, sagte ich also vor einer Woche, »du musst dich selbst glücklich machen. Ich kann einfach nicht.«

Zuerst stutzte Schneider, dann schien er meine Idee gar nicht so schlecht zu finden. Mittlerweile bin ich mir allerdings nicht mehr so sicher, ob das ein guter Vorschlag war. Denn mein Liebster schläft seither im Wohnzimmer und macht überhaupt keine Anstalten, in unser gemeinsames Bett zurückzukehren!

S
I
E

Beachtlich, unsere Bäuche. Fünf Wochen lang konnten wir uns gegenseitig beobachten. Heute ist der letzte Kursabend, und wir sind nicht mehr komplett, denn ein Baby ist in der Zwischenzeit zur Welt gekommen.

Ruhe vor dem Sturm

Ein bisschen zu früh, in Wien. Einfach so herausgeflutscht zwischen Sachertorte und Prater. Die beiden Eltern wollten noch mal so richtig flittern. Nix da. Ihr Sohnemann hatte es eilig und mir wird bang: Denn ich möchte unbedingt noch den Keller räumen, Sushi essen gehen, meine Fußnägel lackieren lassen und Bettwäsche fürs Baby nähen!

Das Zwirbelchen muss mir also noch Zeit lassen. »Gell, du bleibst noch etwas drin«, flüstere ich und streichle meinen Bauch. Schneider schaut herüber. »Ist was?«, will er wissen. Ich schüttle den Kopf.

SIE

Es gibt ja Frauen, die können es kaum abwarten, bis das Kind endlich auf die Welt kommt. Die gehen sogar auf Bergtouren, in Tanzschuppen oder steigen endlose Treppen hoch.

Mache ich sicher nicht. Im Gegenteil: Ich werde von nun an jegliche Anstrengung vermeiden. Die Hebamme blickt in die Runde: »Haltet euren Kreislauf in Schwung. Liegt nicht nur herum und wartet, bis es so weit ist, sondern geht in den Wald, atmet frische Luft, bewegt euch!«

Bewegen? Ich streichle noch einmal den Bauch und flüstere: »Wir machen das so, wie wir wollen, Zwirbelchen.« Und morgen melde ich uns zur Pediküre an!

Die Stimmung ist fast schon feierlich. Zum letzten Mal begegnen wir uns als kinderlose Paare. Und in einigen Monaten treffen wir uns alle wieder. Wir sehen die Frauen ohne dicke Bäuche, dafür zusätzlich sechs kleine Menschen.

Unsere Hebamme fasst noch einmal zusammen, worauf wir in den kommenden Tagen achten sollen, nämlich: dass wir Männer ausgeschlafen sind, dass wir auf keinen Fall zu früh ins Geburtshaus kommen sollen, dass die Frauen, wenn Wehen einsetzen, lieber noch ein Bad nehmen sollten. Danach stemmen wir unseren dicken Frauen die Hand genau dort ins Kreuz, wo der Druck Linderung verschaffen soll.

Zum Schluss wiederholt die Hebamme an die Adresse von uns Vätern: »Wenn euch eure Frauen während der Geburt beschimpfen, anschreien, Vorwürfe machen sollten: nehmt es nicht persönlich und beginnt auf keinen Fall grundsätzliche Diskussionen in den Wehenpausen!« Allgemeine Heiterkeit. Meine Liebste lacht ein bisschen zu laut, finde ich. Ich blicke nach links zu Freulers, unseren Konkurrenten um das feudale Gebärzimmer. Ihr Bauch ist deutlich größer als der von Schreiber. Egal. Hauptsache, sie kommen nicht gleichzeitig wie wir im Geburtshaus an!

»Genießt die letzten Tage als Paar«, sagt die schöne Kursleiterin, als sie mir die Hand zum Abschied drückt. Stimmt, Recht hat sie! Ich brauche unbedingt noch ein paar Abende mit Toni am Lagerfeuer.

Nach einigen Nächten in der Stube bin ich wieder ins gemeinsame Bett zurückgekehrt, obschon dort mein stöhnendes Elefantenweibchen liegt. Kein Mensch kann bei all den Seufzern schlafen. Ich versuche es dennoch, bin so was von müde. Ich trainiere in den letzten Tagen tüchtig. Gehe joggen, mache Liegestütze und Rumpfbeugen. Ich will gut und gesund aussehen, wenn das Kleine zum ersten Mal seinen Papa sieht.

E R

Deshalb war ich heute auch beim Friseur. Dort hing ich meinen Gedanken nach, versuchte mir vorzustellen, wie ich als Vater sein würde. Aber es fiel mir nur ein, was ich als Vater nicht mehr sein werde: kein einsamer Inselreisender, kein spontaner Kinogänger, kein ausdauernder Badewannengenießer mehr.

Schreiber wälzt sich aus dem Bett. Sie kann wieder mal nicht schlafen.

Tränen bei der

Elefantenkuh

Nach dem Friseur traf ich Toni auf ein Bierchen. »Ist deine Liebste noch immer dieselbe?«, fragte er. Dann erzählte er die Geschichte eines Bekannten, dessen Frau nach der Geburt eine totale Persönlichkeitsveränderung durchgemacht hätte und den Vater nicht mehr ans Kind heranließ. Toni nahm einen großen Schluck Bier und sagte: »Bei Frauen kann man nie wissen.«

In der Wand rülpst die Spülung. Der Single über uns war wieder auf dem Klo.

Ich zweifle keine Sekunde an Schreibers Loyalität. Freilich würde ich gern wissen, mit wem sie nun mitten in der Nacht im Flüsterton telefoniert ...

Ich kann nicht schlafen. Mein Bauch bebt. Das Baby ist wach und tritt mich. Ich schleiche ins Wohnzimmer. Es ist kurz vor Mitternacht. Ich will mit jemandem reden. Aber Schneider liegt im Delirium.

Ich könnte Manu anrufen. Ist zwar schon spät, aber als junge Mutter hat sie sicher Erbarmen mit mir. Außerdem kam heute eine sehr motivierende SMS von ihr: »Brütest du noch oder presst du schon?«

»Was? Du? Jetzt? Geht's los?«

»Nein, nein. Ich möchte einfach ein bisschen plaudern.« Ich höre, wie sie sich im Bett aufsetzt: »Also, was gibt's?«

»Ich war heute allein im Zoo«, flüstere ich, »bei der hochschwangeren Elefantenkuh. Sie hat mich mit ihren kleinen Augen ganz freundlich angeschaut. Und weißt du was, ich habe losgeheult. Bescheuert, gell!« – »Überhaupt nicht«, sagt Manu müde. Ich rede weiter: »Dort wurde auch ein Film gezeigt von einer anderen Elefantengeburt. Die dicke Kuh wechselte von einem Bein aufs andere, wiegte sich hin und her und gab ganz tiefe, warme Töne von sich. Das hat mich so gerührt, dass ich nochmal weinen musste. Ich kenn mich selbst nicht mehr.« – »Hm.« – »Dann kam das Kleine rausgeflutscht, und wie zärtlich die Mutter mit ihrem Rüssel das Kleine streichelte ...« Meine Stimme wird zittrig.

»Warum weinst du?«

Schneider steht in der Türe und schaut mich ratlos an. Warum? Keine Ahnung. Aber es tut saugut.

Wir haben spontan Leonie und ihre Eltern zum Abendessen eingeladen. Nach meinem nächtlichen Telefongespräch mit Manu fühlte ich mich ein bisschen schuldig.

Kind oder

Kreuzworträtsel

Wir sitzen im Wohnzimmer, Leonie ist mittlerweile ein kleiner Brummer, Manu trägt eine bunte Bluse und Heinz blättert tatsächlich in Schneiders Formel-1-Heft herum. Sie sind viel lockerer, seit sie ein Kind haben. »Heute wäre Termin«, rufe ich und wir prosten uns zu. »Das kann noch zwei Wochen dauern«, sagt Manu. Sie hat zehn Tage übertragen.

Auf dem Weg zur Küche passiert's: Ich gehe aufs Klo und sehe Rot. Es kann doch nicht sein, dass unser Baby just zum errechneten Termin auf die Welt kommt! Nie und nimmer! Ich kann doch am Dienstag endlich zur Pediküre gehen. Zum Glück ist Manu da: »Blut? Das ist der Schleimpfropfen. Dann gehen wir mal besser.«

Schneider setzt sich aufs Sofa und löst Kreuzworträtsel. Der hat Nerven! Ich hole unseren Fotoapparat: »Mach noch ein Bild von meinem Bauch, vielleicht ist er morgen schon weg.« – »Wenn du meinst.«

Soll er doch Rätsel lösen! Ich bin gespannt auf das größte Wunder in meinem Leben. Langsam bekomme ich Bauchweh wie bei der Periode. Ich lege mich ins Bett und denke an die Elefantenkuh. Endlich kommt Schneider zu mir. Er gibt mir einen Kuss, legt sich unter seine Decke und sagt: »Gute Nacht! Die Hebamme hat gepredigt, dass Männer vor der Geburt gut schlafen sollen.«

Ende der Durchsage.

Ski-Nation mit sieben Buchstaben? Kann ja wohl kaum die Schweiz gemeint sein. Oder dann nur ironisch. In diesem Winter sind sie nämlich wieder mal ganz mies gestartet, die Schweizer Abfahrer. Was waren wir früher stark! Russi, Zurbriggen, Müller, Heinzer! Und heute?

Ich lege das Kreuzworträtsel weg. Die Gedanken in meinem Kopf schlagen wilde Purzelbäume: Ich bin noch überhaupt nicht bereit für das Kind. Es kann doch nicht exakt am Termin kommen, das passiert nur in vier von hundert Fällen. Und warum sollte ausgerechnet unser Baby pünktlich sein? Bin ich etwa pünktlich?

Ich beruhige mich. Pünktlichkeit gibt's nicht in unserer Familie. Nein, nein. Alles ist in bester Ordnung. Das Kind bleibt noch eine Weile, wo es ist, und ich werde mich morgen früh sofort als Erstes eingehend mit meiner zukünftigen Rolle als Vater auseinander setzen.

Ein Geräusch. Schnell schaue ich wieder ins Rätsel und stecke den Kugelschreiber in den Mund. »Du, es könnte sein, dass wir bald zu dritt sind«, sagt Schreiber. Genau, das ist es ja gerade: dieses »bald«. Das geht mir hier alles viel zu schnell, und ich kann es mir überhaupt noch nicht vorstellen! »Glaub ich nicht«, sage ich deshalb.

Meine Güte, wir haben ja noch nicht einmal die Namen! Nein, kein Grund zur Aufregung! Ich spüre es bis ins tiefste Innere, dass das Kind noch nicht heute Nacht kommt!

Schreiber weckt mich. Sie sagt: »Ich lege mich in die Badewanne.« Ich weiß, was das bedeutet. Hat uns die Hebamme im Geburtsvorbereitungskurs immer wieder gesagt: »Wenn es wehtut, dauert es noch lange. Wenn es sehr wehtut, geh in die Wanne.« Noch eine Weile liege ich wach und hoffe, dass das alles nur ein Irrtum ist. Dann stehe ich auf und gehe ins Bad. Dort liegt Schreiber in unserer alten Füßchenbadewanne, mit gigantischem Bauch und verkrampftem Gesicht. »Hol eine Uhr«, presst sie durch die zusammengebissenen Zähne. Ich kehre mit dem Wecker zurück. Mir scheint, sie nimmt die Sache sehr ernst.

»Du zählst, wie oft ich Wehen habe und wie lange sie dauern«, sagt Schreiber. »Wenn ich den Daumen nach oben halte, dann tut's weh, wenn der Daumen nach unten zeigt, tut's nicht weh. Klar?«

Falscher Alarm?

Ich nicke. Ihr Daumen ist pausenlos in Bewegung. Rauf, runter, rauf, runter.

»Einen Moment«, sage ich und hole den Schwangerschaftsratgeber. Ich setze mich auf den Wannenrand und suche atemlos nach dem richtigen Kapitel. Schreiber stöhnt, und ich lese, dass sich die Geburt durch Wehen im 5-Minuten-Takt ankündigt. Das ist bei Schreiber nicht der Fall, bei ihr geht das alles viel zu schnell.

Ich schöpfe Hoffnung: »Liebste«, sage ich, »du hast wilde Wehen. Die gehen vorbei, und wir legen uns jetzt wieder hin.«

Schneider spinnt. Will wieder ins Bett. Er würde glatt den wichtigsten Augenblick in seinem Leben verschlafen. Ich stöhne. Ohne zu wissen, was genau geschieht, merke ich, dass es geschieht.

Es geht los. Ich schnaufe laut aus, und als es mal kurz nicht wehtut, denke ich an eine Geisterbahn. Ausgerechnet jetzt. Als Kind hatte ich immer fürchterlich Angst davor. Ich sah die schaurigen Fratzen, hörte das grelle Schreien, und die Stimme aus dem Lautsprecher rief gruselig: »Hier bekommen Sie Gänsehaut! Diese Fahrt werden Sie nie vergessen, nie wieder!«

Es grauste mir. Ich hatte Angst. Und trotzdem reizte es mich. Was passiert da drinnen? Damals zögerte ich. Jetzt liege ich in der Wanne und die Fahrt beginnt. Die Wehen galoppieren los. Eine – noch eine – sind das schon die Richtigen? Wird es noch schmerzhafter? Schon wieder eine. Ich japse nach Luft.

Schneider zählt mit und scheint mir ziemlich nervös. Es wird mir heiß und kalt in der Wanne. Ich fühle mich genau wie damals auf dem Oktoberfest, als ich mit meinen zehn Jahren die paar Münzen an der Kasse zahlte und mich ganz allein und zum ersten Mal in das Wägelchen setzte, das durch den schwarzen Vorhang in die Gruselwelt fuhr.

Ich hatte Angst und Freude.

Genau wie jetzt.

Mann! So energisch habe ich Schreiber noch nie gehört. Von wegen gemütliche Bayerin. Wie ein preußischer Offizier hat sie mich zusammengepfiffen, ich solle jetzt endlich im Geburtshaus anrufen.

Im Vorbereitungskurs ist unsere Hebamme aber nicht müde geworden, zu betonen, wir sollten nicht zu früh kommen, das würde die Geburt nur unnötig verlängern. Es widerstrebt mir deshalb, mitten in der Nacht jemanden um seinen verdienten Schlaf zu bringen. Also: Wie war das? Zuerst auf den Piepser vom Geburtshaus anrufen. »Hallo, hier spricht Steven Schneider. Wir haben das Gefühl, das heißt, vielleicht kommt das Baby. Irgendwann. Falls das jemand hört, könnt ihr ja mal zurückrufen.«

E R

Eine Minute später klingelt das Telefon. »Hallo? Spricht dort Steven? Hier ist Barbara. Geht's los?«

»Glaube nicht. Sie hat völlig unregelmäßige Schmerzen. Ich denke, das geht vorbei.«

»Aha. Warum rufst du dann an?«

Einer steht auf

der Leitung

»Äh, weil sie gesagt hat, ich soll mal anrufen. Das beruhigt sie.«

»Kann sie denn nicht selber anrufen?«

»Sie ist im Badezimmer.«

»Hat sie starke Wehen?«

»Kann schon sein. Aber sie hat keinen regelmäßigen Rhythmus. Ich hab gleich nachgelesen. Ist mir ja auch peinlich, dich zu wecken. Und ihr habt doch auch immer betont, dass wir Männer genügend schlafen sollten.«

»Steven?«

»Ja?«

»Hol Sybil ans Telefon!«

Schneider nervt! Erst löst er Kreuzworträtsel, dann schnarcht er neben mir im Bett und jetzt wehrt er sich, die Hebamme anzurufen.

»Das sind keine richtigen Wehen«, sagt er mir. Er, der Gebärprofi mit seinem superschlauen Schwangerschaftsbuch! Während bei mir die nächste Wehe anrollt, geht er aus dem Badezimmer. Ich trockne mich ab. Versuche, ruhig zu atmen. Da kommt schon wieder eine ... – und dann kommt Schneider: »Barbara will dich sprechen!«

Immerhin. Er hat angerufen. Vielleicht kapiert mein Besserwisser langsam, dass ich nicht simuliere. Ich nutze die nächste Wehenpause und gehe an den Apparat:

»Hallo, Barbara. Sorry für die Störung.«

»Kein Problem. Wie geht's?«

Wie schön! Jemand, der mir zuhört und der mich ernst nimmt. Ich erzähle alles haarklein. Doch seit ich am Telefon bin, sind die Wehen wie weggeblasen. Hab ich mir das alles eingebildet? Dauert das noch Tage? Wäre ja so was von peinlich, wenn ich Schneider und die Hebamme mitten in der Nacht verrückt mache, bloß weil ich nicht weiß, was Wehen sind.

»Bleib ganz ruhig«, sagt Barbara und dann: »Meinst du, du schaffst es noch?«

»Was schaffen?«

»Ins Geburtshaus zu kommen.«

»Ist das dein Ernst? Wir sollen kommen?«

»Ja, und zwar schnell! Ich bereite alles vor.«

Schneider macht große Augen. Dann zückt er den Fotoapparat. Jetzt hat es auch bei ihm klick gemacht.

»Ich kann unmöglich mit dem Auto fahren«, sagt mein Liebster, »schau mal!« Er zeigt mir seine Hände und die zittern. Also ein Taxi!

Seit ein paar Minuten donnert eine Wehe nach der anderen durch mich hindurch. Ich gebe Schneider Zeichen, damit er unsere Tasche fertig packt. Müsliriegel, warme Socken, Strampelanzug.

Taxifahrt mit

Besserwissern

Endlich: Es klingelt. Das Taxi steht vor der Tür. Die Treppen schaffe ich nur langsam runter. Aufstützen – ausatmen – einatmen – weitertapsen. Mittlerweile tut es derart weh, dass ich hoffe, bald auf dem K2 anzukommen. Es ist mitten in der Nacht. Alles still. Sogar der Single über uns schläft.

Wir steigen ein. Ich hinten, mein Liebster vorne. Der Taxifahrer kennt die Straße nicht, in der das Geburtshaus liegt. Schneider erklärt ihm den Weg. Reichlich kompliziert, finde ich, aber immerhin bockt er jetzt nicht mehr.

Ich stöhne und staune: Dem Taxifahrer ist es völlig schnuppe, dass in seinem Auto gerade ein Kind den Weg nach draußen sucht. Der hört wahrscheinlich allerhand in seinem Wagen. Er könnte wenigstens mal fragen, ob alles okay sei.

Stattdessen unterhalten sich die beiden Männer über die Skiabfahrt von gestern. »Sackschwach, die Schweizer«, sagt der Fahrer. – »Denen fehlt ganz klar die Härte, bis zum Äußersten zu gehen und auf die Zähne zu beißen«, doziert Schneider.

Interessant, was mein Geburtshelfer alles weiß.

Wir stehen auf den drei Stufen, die zum Geburtshaus führen. Meine Liebste krümmt sich und stützt sich mit beiden Händen an der Eingangstür ab. Die Wehe dauert eine halbe Minute. Endlich schließt uns eine Hebamme die Türe auf.

Es ist nicht unsere Kursleiterin.

Im Gebärzimmer brennt eine Kerze, und es riecht nach Zitrone. Barbara fragt mich, ob ich einen Kaffee wolle. Ich bestelle einen starken Espresso. Dann helfe ich Schreiber, sich aufs Bett zu legen und sage: »Es kommt, wie es kommen muss.« Die Hebamme bringt den Kaffee, dann untersucht sie meine Liebste lange und sorgfältig.

Zum ersten Mal denke ich ernsthaft daran, dass ich in ein paar Stunden tatsächlich Papa sein könnte. Ich sehe mich im Raum um. Ein CD-Gestell! Musik wäre sicher gut. Ich suche nach passenden Klängen, die uns, oder zumindest mich, entspannen könnten.»Symphonie für das ungeborene Kind«, halte ich in den Händen. Ich lege sie ein. Furchtbares Gesäusel! Kein Wunder, dass das Kind ungeboren bleibt. Schreiber stöhnt und ich schiebe eine neue CD ein. Keltische Meditationsmusik. Ich ziehe meinen Pulli aus. Schreiber kniet auf allen vieren auf dem Bett. Die Hebamme blickt freundlich in meine Richtung und nickt.

Auch Schreiber dreht den Kopf zu mir und lächelt. Sie ist ganz ruhig und strahlt Entschlossenheit aus. Auf einmal weiß ich, dass sie diese Geburt gut durchstehen wird.

Ich hoffe, ich auch.

ER

Musik? Find ich gut. Mein Liebster entscheidet sich
für Irische Folkmusik.

Anscheinend hat er nun realisiert, dass dies hier kein
Spaziergang ist, sondern ein Gipfelsturm.

Zwischen den Wehen ist Pause. Nichts tut weh, ich
trinke Sirup und scherze sogar: »Die Fahrt beginnt.
Ich freu mich auf die Geisterbahn!« Die Hebamme
stutzt, Schneider lächelt. Ich fühle mich gut und stark.
Mein Liebster ist erleichtert und trinkt seinen zweiten
Kaffee. »Du kommst prima vorwärts«, sagt Barbara.
Ich staune selbst über mich und brülle, dass die
Fensterscheiben wackeln. »Der Raum ist mehrfach
verglast«, beruhigt mich Barbara in der nächsten Wehenpause. Zum Glück sind
wir nicht zu Hause geblieben!

Urschreie in

der Höhle

Schneider macht seine Sache
gut. Seit wir im Geburtshaus
sind, ist er eine echte Hilfe. Er
drückt mein Kreuz, tupft Schweiß von meiner Stirn,
überhäuft mich mit Liebeserklärungen. Ich stütze mich
auf den Rand der großen Badewanne und trete von
einem Bein aufs andere. Die schwangere Elefantenkuh
im Zoo hat das auch getan. Hin und her. Wenn das
Baby da ist, gehen wir in den Zoo.

Ich bin ja so gespannt. Will jetzt endlich, endlich wissen, was es ist. Ein Junge? Ein Mädchen?

Mir ist überhaupt nichts mehr peinlich: Ich schreie,
schwitze, packe meinen Liebsten, drücke die Fersen in
den Boden und stülpe mein Innerstes nach außen.
Gebären? Macht echt Spaß!

Eine zweite Hebamme kommt dazu. Im Zimmer ist es heiß wie in einem tropischen Gewächshaus, denn die große gefüllte Badewanne dampft vor sich hin. Schreiber wollte unbedingt ins Wasser, nun will sie doch nicht und sitzt stattdessen auf dem Maya-Hocker. Das scheint für sie die beste Position zu sein. Ich sitze hinter ihr, sie stützt sich auf meinen Armen ab.

Einen Augenblick denke ich daran, dass die Kelten im Hintergrund ein wenig zu klagend musizieren und etwas Rhythmischeres allen helfen würde, doch das nächste Stöhnen von Schreiber übertönt sowieso alles. Sie schwitzt und presst und stößt tiefe, grunzende, knurrende Urlaute aus, die von Riesenechsen stammen könnten. Dann schreit sie wieder hell und spitz. Ich fühle mich in diesem dämmrigen, duftenden, heißen Raum wie in einer Höhle. Wo sind wir? Was passiert hier?

Vor Schreiber knien die beiden Geburtshelferinnen, drücken warme Kompressen auf ihren Schritt, sagen mit einem Lächeln, sie würden das Köpfchen sehen und mit der nächsten Presswehe würde das Baby bestimmt kommen. »Du bist die Beste, gleich sind wir zu dritt«, flüstere ich meiner Liebsten ins Ohr. Ich bin komplett verliebt!

Und Schreiber ist stark! Übermenschlich stark! Ihre Fingernägel graben sich in meine schweißnassen Unterarme. Die letzte Presswehe kündigt sich an: »Aaaaaaaaaaaaaaaaaaaaaaauuuuuuuuummmmmmmhhhh hhhhhhhhhhhhhhh!«

Meine Arme bluten!

E
R

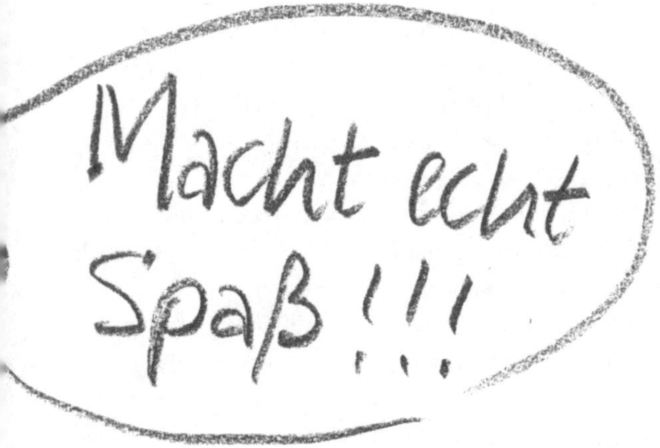
Macht echt Spaß!!!

Liebe Leserin,

der K2 ist im Vergleich ein Pappenstiel! Seit der Geburt können mich sportliche Höchstleistungen nicht mehr beeindrucken. Mütter hingegen schon.

Denn seit der Geburt ist vieles passiert. Ich schlafe wenig; hatte mehrere Brustentzündungen, die ich weitaus schmerzhafter als die Geburt fand; komme nicht zum Duschen; Schneider und ich essen der Reihe nach, weil unsere Tochter immer dann weint, wenn der Tisch gedeckt ist. Wir haben wegen jedem Kleinkram Krach. Ich finde, er könnte mal von sich aus den Staubsauger packen, und er findet, ich würde ihn dauernd herumkommandieren.

Epilog

Kurz: Wir sind Eltern.

Und so glücklich wie noch nie.

Wir schnuppern an unserer Tochter, bewundern jede Runzel, die winzigen Zehennägel, ihren blutigen Nabel und die voll gemachten Windeln.

Doch das Wochenbett ist in der Tat eine stressige Zeit, da hatte unsere Hebamme völlig Recht. Sollte ich noch mal ein Baby bekommen, dann würde ich mir das Gefrierfach von meiner Schwiegermama mit Lasagne und anderen Köstlichkeiten füllen lassen, meine Freundinnen zum Putzen einladen und vier Wochen vor dem Geburtstermin zur Pediküre gehen!

Lieber Leser,

die Geburt war großartig. Schreiber zu sehen, wie sie unser Kind herauspresste, zu sehen, wie sie kurz danach gleich wieder voll da war – das war schon toll!
Aber auch ich war toll! Im Rückblick frage ich mich, weshalb ich so oft Angst vor dem Augenblick hatte, in dem wir zu dritt sein würden. Ich befürchtete, dass mein Leben von jenem Moment an eingeschränkt sein würde.
Nun, das stimmt auch.
Woran ich nicht gedacht hatte: Das ist völlig in Ordnung. Es ist, als wäre in der Sekunde der Geburt ein Programm gestartet worden, das bisher verborgen auf meiner Festplatte lag. Dieses Programm befähigt mich zum Beispiel, um vier Uhr in der Früh aufzustehen und mit unserer Kleinen an den See spazieren zu gehen, damit Schreiber noch ein wenig schlafen kann.
Das Wichtigste aber: Die Geburt von Alma Maria hat mich voll und ganz in die Gegenwart geholt. Die Vergangenheit ist passé und die Zukunft macht mir keine Angst. Apropos Zukunft: Muss Schreiber langsam darauf vorbereiten, dass ich für die nächste Schwangerschaft bereit bin ...

PS: Alma Maria hat in der Zwischenzeit ein Schwesterchen bekommen. Lieferzeit: Neun Monate! Es heißt Ida Paulina.

SYBIL SCHREIBER,
geb. 1963, die Deutsche in der Schweiz, ist Journalistin und
Referentin im Bereich Medienarbeit.

STEVEN SCHNEIDER,
geb. 1964, der Halbitaliener in der Schweiz, ist Journalist und
Kommunikationsberater.

Durch ihre exzellenten Eltern- und Paar-Kolumnen in der
Coopzeitung, der größten Schweizer Wochenzeitschrift, genießen sie seit Jahren einen hohen Bekanntheitsgrad und haben
viele Fans. Einige der Kolumnen wurden im Eigenverlag pu-
bliziert:

Das Hotel in der Pampa (vergr.), *Von Haaren und Hormonen* (2004,
ISBN 3-9522843-1-9 bzw. 978-3-9522843-1-5), *Bye bye Bombay*
(2005, ISBN 3-9522843-2-7 bzw. 978-3-9522843-2-2).

Zu bestellen direkt bei den Autoren oder über den Buch-
handel.

Das vorliegende Buch enthält ausschließlich unveröffentlichte
Texte!

Sybill Schreiber und Steven Schneider sind glückliche Eltern
und leben mit ihren zwei Töchtern in der Nähe von Zürich.
www.schreiber-schneider.ch

E

R